LA ORATORIA DE LOS LÍDERES

Caracas, 2012

© Copyright 2012
ÁNGEL GÁMEZ

Coordinación General:
ANA CAROLINA COLMENARES

Diagramación:
CARLOS PÉREZ CÁRDENAS

Dibujo de Portada:
NELSON PUERTA

Impreso en Venezuela
Por Miguel Ángel García e Hijo, s.r.l.
Caracas

ISBN: 978-1-291-75096-6

Todos los derechos reservados. Ninguna parte de este libro puede ser reproducida o transmitida en cualquier forma o por ningún medio electrónico o mecánico, incluyendo fotocopiado, grabado, o por cualquier almacenamiento de importación o sistema de recuperación sin permiso escrito del autor.

ÍNDICE

Obtenga su collar de perlas 3
Esto no es sólo un libro 5
La oratoria de los líderes (importancia)...10
Los niveles de la oratoria 13
   Nivel Boca-Oído
   Nivel Cerebral
   Nivel Emocional
   Nivel Espiritual
El triángulo de la oratoria 34
   El Lenguaje
   El Encuadre
   La Metáfora
La balanza del discurso 90
Conciencia de líder orador 93
La esencia de los líderes 106

«Palabras sabias para describir una idea, palabras sinceras para transmitir una emoción, y palabras sencillas para que se cumplan al pie de la letra» Andrés Bello

OBTENGA SU COLLAR DE PERLAS

Hace unos años atrás un hombre recibió una buena noticia de parte de su hija porque había conseguido buenas calificaciones en su escuela. Entonces le obsequió una perla, por lo que la niña se sintió muy feliz. Tiempo después, la niña recibió un premio por la coral infantil de la escuela y su padre le regaló otra perla. Pasados los días, la niña ganó la medalla de oro en un campeonato de tenis; su padre, sintiéndose muy feliz, le regaló a su hija una tercera perla. Pero el padre estaba muy atento a lo que su hija hacía con las perlas y observó dónde las guardaba. Días después le preguntó: ¿Hija, dónde están las perlas que te regalé? La niña le respondió: Papá la primera perla la guardé en una gaveta de mi escritorio y no la consigo. La segunda perla decidí tenerla conmigo, la guardé en un bolsillo de mi pantalón y la extravié. La última perla la guardé en un lugar tan seguro que no logro encontrarla.

Entonces el padre abrió su mano y dejó ver las tres perlas y le dijo: Esta vez te voy a dar las perlas, pero te las colocaré en este collar. La niña muy feliz vio cómo su papá metía en el collar cada perla e inmediatamente se colocó su collar en el cuello. A los días hubo un gran terremoto en el pueblo y se perdieron todos los bienes materiales. No hubo pérdidas humanas y la familia tuvo que mudarse y empezar de nuevo.

Veinte años después la niña, ya hecha toda una mujer, conversaba con su padre y recordaba aquella época del terremoto y le dijo: Papá, perdimos todo en aquel terremoto, pero hay algo que conservo en perfecto estado y tocándose su cuello; le mostró el collar de perlas que el padre le había regalado. El hombre muy orgulloso lentamente y con una voz muy suave le susurró: «*Las perlas están más seguras si se mantienen en un collar*».

Moraleja: Cuando tenga perlas, si desea conservarlas, colóquelas en un collar.

ESTO NO ES SÓLO UN LIBRO

Me siento muy feliz porque *usted* ha empezado esta lectura. Y quiero iniciar haciéndole dos preguntas que puede responder mentalmente o por escrito en las líneas de abajo. ¿Qué es un modelo? Y, ¿para qué sirve un modelo?_____
_____
_____

En la actualidad hay mucha información. En mi libro *La Comunicación de los Líderes y sus 12 Secretos* menciono que hoy en día estamos en la era de la información, porque en el mundo de hoy existen muchos datos y referentes de fácil acceso. Con la expansión de internet y de la telefonía móvil celular podemos decir que la información creció exponencialmente. Hoy sabemos que hay demasiada información y que lo importante no es conseguirla porque está «a la mano de todos», lo importante es la forma como se comunique dicha información.

Hay personas que tienen muchas ideas valiosas pero las pierden en lo más profundo de su memoria, como el caso de la niña con las perlas, pero si las ideas se pudieran colocar en un hilo o en un collar, como las perlas, ese collar *usted* podría cargarlo siempre puesto y difícilmente se extraviarían, incluso si hay un terremoto. *El collar es un modelo y las perlas son las ideas*.

Hemos trabajado con esfuerzo y dedicación para que *usted* tenga en sus manos este collar y pueda disfrutar de las perlas que tiene su contenido. El collar es el libro, las perlas son las ideas que se expresan a continuación.

Las personas buscan modelos

En mi experiencia como educador he visto muchos estudiantes que aprenden más de prisa que otros y lo hacen porque aprenden a través de modelos. Otros tardan más, quizás porque no tienen ningún modelo para organizar la información. También, en mi carrera como conferencista he visto que algunos compañeros conferencistas son excepcionales en lo que hacen, mientras otros no son tan impactantes con la audiencia. Todo esto se debe al modelo que utilizan para transmitir las ideas. He leído algunos libros sobre un mismo tema y he notado cómo un autor dice exactamente lo mismo que otro pero con diferentes palabras y la información es distribuida y organizada de diferentes formas, pero la información que más gusta y que es más fácil de aprender es la que tiene un mejor modelo, un modelo sencillo y fácil de comprender.

Mientras más sencillo y accesible sea el modelo, más fácil será el aprendizaje.

Un modelo es un patrón, una estructura, es en esencia la forma cómo están organizados los contenidos. La sistematización de contenidos en este caso. Mientras más sencillez, mejor comprensión. En mis años de estudiante de pregrado uno de los mejores profesores que tu ve, siempre que alguien intervenía en su clase para agregar algo o realizar algún aporte, él enfatizaba diciendo: *«Explícalo como si yo fuera un niño de preescolar o como si la explicación fuera para tu abuela».* En pocas palabras, había que transformar lo que se iba a decir, a la manera más sencilla posible. Es te profesor decía también: *«Si lo que vas a decir puede comprenderlo un niño de cinco años, entonces el trabajo está hecho».* El objetivo fundamental cuan do se explica algo a alguien no es tratar de lucir sabio, sino procurar que se comprenda al máximo.

He visto con tristeza como hay personas que desean parecer sabias y cuando explican algo, hablan al público o les toca dar un discurso utilizan un tecnicismo exagerado que lo que hace es enredar a quien le escucha. La sabiduría verdadera está en hacerse entender y explicarse con facilidad.

A través de esta rápida lectura *usted* va a experimentar con un modelo muy sencillo que le va a permitir mejorar su oratoria, preparar cualquier tipo de presentación ante las personas y no sólo eso: también al seguir y ejecutar los pasos acá explicados, *usted* puede asegurar el éxito en cualquier escenario y en cualquier tipo de presentación oral.

Lo más importante es que cargará este collar lleno de perlas dondequiera que *usted* vaya.

Después de participar en eventos donde estuve como observador, eventos educativos, de liderazgo político, investigación, crecimiento personal y profesional, motivación, ventas y hasta religión, mi amigo al que nombraré de ahora en adelante como *El Genio de la Oratoria* y yo pudimos sacar muchas ideas interesantes; esas ideas son valiosas, son perlas que si se dejan por allí pudieran perderse, así que decidimos colocarlas en un collar para que no se extravíen, como en el caso de la niñita. Por eso escribimos este libro, para que sirviera como un collar que guarda estas hermosas y valiosas ideas.

«Todo debe hacerse lo más sencillo posible, pero no más simple». «Si tu intención es describir la verdad, hazlo con sencillez y la elegancia déjasela al sastre». «No entiendes realmente algo a menos que seas capaz de explicárselo a tu abuela». Albert Einstein.

Comentarios del lector

Todo comienza cuando te propones lograr una meta que va creciendo y lográndose poco a poco, con mucho esfuerzo trasformado en pensamientos, actos e ideas importantes que destacan la experiencia porque allí el facilitador-orador se desenvuelve como un collar inmenso, ya que es el modelo para todas esas perlas que se forman cada día, esos jóvenes o tal vez adultos que de una manera u otra van desarrollando ideas muy buenas e inclusive superando al modelo. Es por ello, que cada orador debe hacer una reflexión y preguntarse ¿Cómo lo estoy haciendo?, para ser ese modelo ideal en frente de todas esas mentes que al desdoblar un tema cada una va a aportar ideas; ideas que en un futuro no se extravían, sino que se convierten en títulos valiosos, experimentos o conferencias públicas, transformándose todas éstas en perlas.

Carolina Castellano. Msc. en Educación, Mención Tecnología y Desarrollo de la Instrucción carolcastellanos541@hotmail.com

Evolución de la oratoria

El ser humano es por naturaleza un ser social que siempre ha requerido comunicarse para poder trabajar en equipo y conseguir el sustento. En la época de la prehistoria los humanos se agrupaban y tenían que cazar, recolectar y vivir en comunidad para la supervivencia, por lo que los líderes de cada comunidad hablaban al grupo para transmitir alguna información. Lo hacían en grupo para no tener que repetir el tema o asunto a cada uno de los integrantes de la comunidad y así ahorrar tiempo. Posteriormente, los griegos y los romanos incluyeron la oratoria en los estudios superiores por considerarla de suma importancia para la formación de los eruditos y especialmente para fines políticos. Jesús de Nazaret utilizó la oratoria para transmitir su mensaje religioso con sus discursos conmovedores a sus discípulos. Hoy ese mensaje se mantiene vigente.

Actualmente la oratoria es utilizada en eventos académicos, legales, festivos, científicos, de investigación, noticias, negocios, ventas, política, religión, deporte, milicia, entre otros. Y no se puede negar que ha evolucionado con el pasar del tiempo. Sin embargo, mantiene su esencia. Y dicha esencia no es más que motivar a quien es cucha. Un discurso bien ejecutado influirá considerablemente en la audiencia.

«La oratoria abrió las ventanas a la poesía y la poesía hizo volar a la oratoria». El Genio de la Oratoria.

LA ORATORIA DE LOS LÍDERES
(IMPORTANCIA)

Los líderes tienen muchas formas de fortalecer su liderazgo; pueden hacerlo a través de sus acciones, de tomar la iniciativa, gestionar, convocar, promover, incentivar, motivar, comprometerse con la misión, con su forma de comunicarse con otros y a través de la oratoria.

Que no es más que la presentación que hacen ante un público. No se trata sólo de hablar en público, es mucho más que eso. Las capacidades de liderazgo en un individuo para tener éxito en cualquier ámbito de la vida, ya sea laboral, académico, profesional, personal, familiar, empresarial, no son opcionales. Por lo que podemos decir que *para tener éxito en la vida el liderazgo no es opcional, es obligatorio.*

Y las capacidades *oradoras* de un líder son indispensables. Los grandes líderes aprovechan los momentos que se les presentan para hablar ante la audiencia, de una forma que permita hacer valer sus ideales, transmitir sus filosofías de vida. En pocas palabras, un espacio para hablar en público puede representar una «oportunidad de oro» para masificar su forma de pensar y su misión en el universo.

Se puede decir entonces que hablar en público ante cantidades de personas, sean unas 30 ó 5.000, por radio o televisión, se convierte en una vitrina importante para ganar aliados y una excelente oratoria garantizará tener seguidores en cualquier ámbito, sea cual sea el objetivo.

Si *usted* tiene la oportunidad de hablar en público, ya sea en una exposición en la universidad, en una fiesta en su casa, ante una reunión de junta de condominio, en fin, en cualquier tipo de escenario, y no puede influir en las personas que lo escuchan; o si su mensaje no causa ningún impacto positivo en la audiencia, perdió el tiempo en su carrera hacia el liderazgo. Si no va a decir algo positivo para hacer mejorar y evolucionar al mundo, no diga nada. Porque su mensaje se perderá y sus palabras se las llevará el viento.

Saber utilizar las palabras puede significar una herramienta muy importante en la evolución del mundo. Somos seres lingüísticos, nuestro mundo, nuestra forma de pensar y nuestra cultura no son más que lenguaje.

Es por eso que digo que la palabra tiene un poder especial, y a veces unas palabras bien dichas en un momento específico pueden cambiar la vida de una persona. Y hablar en público se convierte en una oportunidad de enviar un mensaje masivo que permita un cambio importante para la humanidad. Por esta razón podemos decir que los líderes aprovechan cualquier chance para hacer vibrar a los que escuchan y hacer valer sus ideales de la mejor manera posible. A esto se le llama *La Oratoria de los Líderes*.

«Si lo que va a decir no es más bello que el silencio, no lo diga». **Proverbio árabe.**

¿Qué líder necesita oratoria?

El profesor que necesita transmitir los conocimientos, pero más importante aún, motivar a sus estudiantes para que consigan ellos mismos su sabiduría. El jefe que necesita encender la chispa de sus empleados para que se comprometan con el trabajo y la misión de la compañía. El líder comunitario que trabaja por la sociedad y precisa incorporar manos amigas que le ayuden con los proyectos. El tesista o estudiante que va a dar a conocer y defender sus hallazgos de investigación. El facilitador que procura dar una conferencia y hacerlo de manera que pueda despertar curiosidad en la audiencia. El animador que tiene el deber de mantener activas y atentas a las personas del público. El vendedor que tiene que mostrar un producto, y debe hacerlo proyectándolo con delicadeza y elegancia porque por muy bueno que sea el producto, siempre hay que saber venderlo y para ello necesita oratoria. El abogado que requiere de toda su imaginación para defender su caso. El terapeuta que con honestidad requiere de excelente comunicación para guiar a su cliente. El entrenador para inspirar a sus muchachos a que obtengan el triunfo y más importante, para que den lo mejor de sí en cada competencia. En fin, todos los líderes que de alguna u otra forma desean mover corazones.

Comentarios del lector

Espero que sea del agrado y utilidad de todas las personas que deseen obtener del mismo, todo el provecho que implica el manejar elementos tan importante de la oratoria. Al respecto, voy a permitirme utilizar dos citas. La primera perteneciente a Clarasó que reza: *A veces más vale callar y pasar por tonto, que abrir la boca y demostrarlo* y la segunda perteneciente a Churchill: *para hablar una hora bastan cinco minutos de preparación, pero para hablar cinco minutos hace falta una hora de preparación.* En ambas citas se plantea, no sólo la importancia de saber lo que se va a decir, sino sobre todo la manera de hacerlo. Les invito pues a disfrutar de la lectura del libro: *La Oratoria de los Líderes y sus 4 Niveles.*

Luis Rosales Delgado, Doctor en Educación lrosalesdelgado@hotmail.com

LOS NIVELES DE LA ORATORIA

El éxito de la oratoria dependerá del nivel en que esté ejecutándose dicha oratoria. Existen cuatro niveles fundamentales dentro de la oratoria, que todo líder debe manejar si desea lograr sus objetivos de proyectar y transmitir su misión, ideas y filosofías, para dar clases, para un discurso político, científico, ventas, negocios, defender tesis, animar una fiesta, en fin, cualquiera que sea el objetivo dentro de la oratoria, su discurso debe estar centrado en *los niveles* si desea obtener resultados satisfactorios.

Aquí le vamos a explicar de forma fácil los *niveles de la oratoria*, para que pueda ir escalando en la medida que *usted* esté presentándose en público. Literalmente, a medida que la oratoria se desarrolla *usted* debe ir ascendiendo hasta el último nivel, si desea tener éxito. Es necesario pasar por todos los niveles hasta llegar al último. Por muy complicado que parezca el tema, siempre se puede pasar por todos los niveles para llegar al más alto. A continuación, paso a describir en qué consiste cada nivel.

Nivel 1 (nivel Boca-oído)

Una vez asistí a un evento donde había varios conferencistas que estaban conversando sobre temas referidos al deporte. En el auditorio había unas 700 personas aproximadamente. Ya íbamos por el cuarto conferencista del día y la gente estaba totalmente aburrida, de hecho había personas dormidas. Mi amigo *El Genio de la Oratoria* y yo nos propusimos elaborar una lista de las acciones que los conferencistas hacían y que propiciaban el aburrimiento de las personas, todo lo que hacían para hacer que las personas no les prestaran atención.

Sin embargo, no nos quedamos sólo con eso. A partir de ese momento decidimos seguir con la lista durante varios eventos a los que asistimos posteriormente y la lista se alargó; no obstante, había muchos indicadores que se repetían.

Dentro de los eventos donde asistimos pudimos ver conferencistas muy buenos, pero nosotros nos estábamos centrando en los que aburrían al público, los que hacían que la gente se quedara dormida. Más adelante les voy a mostrar esa lista de manera genérica en algo llamado *El Triángulo de la Oratoria*.

Ahora bien, lo que deseo explicar es que todo este aburrimiento, falta de atención y desinterés hacen alusión al nivel de *la Oratoria de los Líderes* al que llamaremos *Boca-Oído*.

Este es el nivel más bajo de la oratoria. En el nivel *Boca-Oído* no ocurre nada, el mensaje literalmente entra por un oído y sale por el otro. Las personas que sólo seque dan en este nivel tienden a aburrir a las personas, a cansarlas, disgustarlas, y de esta manera se dificulta la eficacia de cualquier tipo de mensaje. Mantenerse en este nivel impide que la oratoria tenga éxito.

Todo lo que se diga en el nivel *Boca-Oído* se convierte en un «bla, bla, bla» que posiblemente a muy pocas personas interese. Si deseo información, voy a un libro o a cualquier página en internet. Incluso hasta los libros, dependiendo de cómo sean escritos, pueden despertar en el lector emociones encantadoras. (Por cierto para escribir un libro también puedes utilizar el modelo de la oratoria de los líderes.) Ese era un secreto que le iba a decir al final... pues ya se lo dije... puede aprovecharlo si desea escribir.

El descubrimiento central de *La Oratoria de los Líderes* es que el ser humano no sólo informa, el ser humano *comunica*. Ahora, ¿cuál es la diferencia? La diferencia entre comunicar e informar es enorme. Los seres humanos somos emoción, somos sentimientos, esto es lo que nos diferencia de las máquinas, de las plantas, de los animales y de otros seres vivos. Por esta razón, desde mi punto de vista el ser humano además de informar, cada palabra, cada gesto lleva implícito un grado de sentimiento, de emoción que hace que no sólo *informemos* sino que también *comuniquemos* con pasión, amor, alegría, miedo, rabia, euforia, frialdad, monotonía, en fin, cualquier emoción o cualquier sentimiento. Por esa razón es vital establecer la diferencia entre *comunicar* e *informar* para llevar a cabo cualquier presentación en público.

Las definiciones de oratoria pueden ser muchas, pero lo que más nos interesa de la oratoria es su utilidad, y en todos los casos la utilidad de la oratoria es *convencer y motivar a la audiencia*. Podemos decir que la oratoria es una herramienta elemental para persuadir, para vender una idea, para motivar a otros. Pero si contrario a eso aburrimos, cansamos con nuestro verbo o discurso, lamentablemente no vamos a lograr los objetivos dela oratoria.

Ya sea que *usted* esté presentando una tesis, un trabajo de grado o investigación, que se esté presentando en una conferencia o taller, fiesta de cumpleaños o matrimonio. Si el tema que va a presentar es sobre carpintería nuclear o sobre la inmortalidad del cangrejo. Si su presentación va a durar cinco minutos o cuatro horas tenga siempre presente lo siguiente: **¡hay que comunicar más que informar!**

«Yo quiero regalarte una poesía, tú piensas que estoy dando las noticias» **Alejandro Sanz.**

Particularmente considero que informar es importante, pero no sólo se debe informar en una presentación en público sino que hay que comunicar, que es mucho más que informar, eso es *La Oratoria de los Líderes*.

Resultado del nivel 1 (nivel Boca-oído)

Comentarios del lector

Me apasiona este tema acerca de comunicarnos y de la oratoria, en la vida es esencial saber comunicarnos, ser asertivos y oportunos, esto es todo un arte que todos lo podemos explorar y expresar, esto nos abre las puertas a los corazones de aquellos que por alguna razón fijaron su atención en nosotros, el nivel boca-oído es sumamente importante, la clave es que sepamos utilizar diferentes estímulos desde ese mismo nivel para poder cautivar atenciones, claro está, sumando otros elementos que complementen el maravilloso arte de comunicar.

Prof. Gabriela Moros Lic. Educación Preescolar gabrielamoros69@hotmail.com

Nivel 2 (nivel Cerebral)

En el *Nivel Cerebral* cosas interesantes empiezan a ocurrir. Aquí el mensaje empieza a llegar de una mejor manera. Digamos que de una forma agradable y notable para las personas que escuchan. Ya aquí el mensaje empieza a tomar significado e importancia. Pudiéramos decir que empieza a dibujarse cada palabra en las mentes de las personas. En pocas palabras, *el líder orador* empieza a atraer la atención de quien lo escucha. Imagine que nadie lo estuviera viendo ni escuchando cuando *usted* está hablando en público y de pronto hace o dice algo y todos voltean la mirada hacia *usted*, como si hubiese apretado un botón y todos reaccionaran con la mirada. Entonces se puede decir que ya estamos entrando en el *nivel cerebral*.

Esto ocurre porque algo que se está diciendo será de provecho para quien escucha y a su vez hace que quien escucha mantenga la mirada en el *líder orador* (el líder orador puede ser hombre o mujer), se activan los oídos, y empieza una conexión con su cuerpo. Es como si una voz interna le dijera a los que están en el público: *«un momento, que esto se va a poner interesante»*.

Se agilizan nuestros pensamientos y en la mente empiezan a activarse mecanismos de comparación de la información con el quehacer diario de quien escucha; también pueden ocurrir procesos de clasificación de la in formación, se plantean problemas reflexivos y analíticos; en pocas palabras, se están tocando los procesos mentales, los pensamientos de las personas, por eso se llama *nivel cerebral*.

Un líder que se comunique en el *nivel cerebral* hace que su audiencia experimente pensamientos sobre el tema, que no se distraiga y que mantenga la atención total. Dicho de otra forma, los pone a pensar.

Para poder llegar a este nivel debe *usted* asegurar en su presentación estímulos visuales, auditivos y kinestésicos. Mientras se pueda integrar los tres elementos mayor será la probabilidad de éxito en este nivel.

En el *Nivel Cerebral* es cuando inicia la preparación del terreno para poder sembrar las ideas. Y es recomendable saber que cuando se siembra además de preparar el terreno para cosechar los frutos, hay que conservarlos y cultivarlos. Por esa razón es indispensable que *usted* avance al siguiente nivel de la oratoria.

Llegar al *nivel cerebral* significa un paso importante, pero quedarse allí sería más informar que comunicar. Recuerde la diferencia entre informar y comunicar.

Ejemplo de personas que hablan o hablaron en el *nivel cerebral:*

• **«Reflexiona con lentitud, pero ejecuta rápidamente tus decisiones».** *Sócrates.*

• **«En la vida hay que escoger entre ganar dinero o gastarlo: no hay tiempo para las dos cosas».** *Edoward Bourdet.*

• **«Más de uno le debe su éxito a su primera esposa y su segunda esposa a su éxito».** *Jim Backus.*

• **«El éxito académico no garantiza el éxito profesional».** *El Genio de la Oratoria.*

En pocas palabras, son ejemplos de discursos que nos ponen a pensar, por eso se llama *nivel cerebral*, porque pone a trabajar el cerebro.

Resultado del nivel 2 (Cerebral)

Comentarios del lector

Cada uno tiene derecho a vivir su verdad aun cuando estemos rodeados de mentiras, y si cada uno vive la verdad día a día, y no se deja arrastrar por el juego social y cultural acabará despertando a los demás de su sueño sin proponérselo, así trabaja y "arrastra" un verdadero líder, proponiendo sueños con su verdad, con su ejemplo siendo fiel a sus convicciones, jamás vende su verdad y cuando habla cada palabra va cargada de experiencia de vida. No digas palabras vacías, el oyente se da cuenta, habla de lo que sabes, de lo que posees, de lo que has vivido. Procura hacerlo siempre siendo fiel a tus convicciones y verás cómo despertarás del sueño a mucha gente.

Prof. Argenis Villarroel Lic. Educación, Mención Filosofía esmirno@hotmail.com

Nivel 3 (nivel emocional)

En el nivel emocional es donde empiezan a ocurrir los milagros. Desafortunadamente muchas personas no creen en los milagros, pero la misma vida es un milagro, hay millones de cosas que nos suceden a diario que son verdaderos milagros: los teléfonos celulares hace treinta años no eran posibles, hoy parecen naturales entre nosotros; de hecho, no podríamos vivir sin ellos y son un verdadero milagro por los beneficios que nos dan. Y así muchas cosas más. Sólo hace falta observar a nuestro alrededor para apreciar verdaderos milagros logrados por el ser humano.

De la misma forma como vemos milagros a diario, en el *nivel emocional* también ocurren milagros, porque las personas que pueden llevar su oratoria al nivel emocional, literalmente hacen llegar el mensaje al corazón de los que oyen.

El ser humano es emoción, eso es lo que nos diferencia de las máquinas. Tenemos y experimentamos sentimientos, es eso lo que nos marca. Si *usted* puede, con sus palabras, con sus gestos, con su tono de voz, hacer que las personas experimenten emociones y generen sentimientos, entonces va a poder conectarse con su público.

Y los beneficios que va a conseguir a nivel de liderazgo son extremadamente beneficiosos. Le voy a pedir que de ahora en adelante, en la medida de lo posible, por televisión, radio o un video en la web, observe un discurso político o un discurso de algún activista y/o orador reconocido. La mayoría de estas personas tratan de llegar al corazón de quien los escucha, de tocar sus emociones. Lamentablemente, algunos lo hacen para aprovecharse y para lograr sus intereses individuales y lo logran. Pero lo importante aquí es que analice, como ya un experto en la materia de la oratoria, los elementos implícitos en cada palabra, que observe cada gesto, cada detalle y a la vez el todo en general, la oratoria global, la forma de expresarse y las palabras que dicen estas personas que tienen ese don de ser *líderes oradores*.

Hay muchos aspectos que estas personas conocen que tienen un gran poder dentro de la oratoria, enunciado muchas veces como el poder de persuasión; sin embargo es a lo que llamo particularmente *La Oratoria de los Líderes*.

«Los milagros son naturales, cuando no ocurren, es que algo anda mal» Un curso de Milagro.

No con esto quiero decir que *usted* va a actuar de igual manera que algunos líderes políticos o algunos líderes empresariales que procuran aprovecharse de las personas en un juego de ganar-perder. *La Oratoria de los Líderes* consiste en una serie de técnicas, actitudes y procedimientos que están comprobados para dar resultados en cualquier ámbito donde haya que expresarse en público y es *usted* quien le da la utilidad. Dichas herramientas pueden ser utilizadas para el bien o para el mal, las herramientas en sí no son malas ni buenas, es *usted* quien les da la utilidad que mejor le parezca: un cuchillo no es malo ni bueno, puede servir para cortar una rica torta o para herir a alguien.

Escuche bien, mi recomendación personal es que utilice estas técnicas para ayudar a otros a lograr sus objetivos mientras *usted* logra los suyos; el universo es abundante e infinito y hay para todos, mientras otros consiguen, *usted* puede conseguir también. El nombre del juego se llama *ganar-ganar*.

El *Nivel Emocional* estimula a la participación, a la acción, al movimiento y hace que nazca el sentimiento, por eso *usted* verá a personas riendo, llorando, enfurecidas, sintiendo miedo, en fin, experimentando cualquier tipo de emoción, y que ha sido despertada gracias a que se está conversando en el *nivel emocional*.

Quiero resaltar que hay que tener mucha precaución de cómo utilizar el nivel emocional.

Un día escuché en un programa de televisión un reportaje sobre los hechos ocurridos el 11 de septiembre del 2001. El reportero decía más o menos lo siguiente: un grupo de personas hizo colisionar dos aviones contra el *World Trade Center* (Centro de Comercio Mundial), o mejor conocido como las torres gemelas de Nueva York, haciendo que éstas se desmoronaran y causando la muer te de miles de personas. Hasta ahora se saben dos cosas, la primera es que un grupo terrorista realizó este vil acto de maldad como venganza hacia Estados Unidos. Por otro lado, se habla de la teoría de la conspiración, donde se explica que el gobierno de Estados Unidos se auto-atacó para así tener un motivo e invadir el Medio Oriente y así tener razones más concretas de iniciar la guerra contra el terrorismo.

En este ejemplo lo que deseo mostrar es que cualquiera que sea el motivo, lo que hubo fue una mala utilización del *nivel emocional*.

El reportero seguía diciendo que no se sabía a ciencia cierta cuál era la causa específica de tal tragedia. Y que cada grupo procuraba defender sus intereses.

Unos para defender su religión, para ser fiel a una creencia, teniendo como pago la vida eterna. Los otros para defender su patria y unos ideales políticos, y conservar el poderío mundial.

En realidad, yo no sé a ciencia cierta cuál es la realidad, no la he comprobado. Ahora, lo que quiero decir es que así como el *nivel emocional* de la oratoria puede servir para motivar de manera positiva, para impulsar a otros a emprender los más lindos actos de bondad, éxito y superación, también puede sembrar el miedo, la desidia y la maldad en lo más amplio de la palabra. Por eso se llama *nivel emocional*, porque puede tocar cualquier emoción, dependiendo de las intenciones del *líder orador*.

«Gran parte de la comunicación actual, utiliza el miedo o la avaricia para que las personas hagan algo. Nuestros espíritus mueren cuando los motivadores principales son el miedo y la avaricia». Robert Kiyosaki.

Por esa razón tenga bien claros sus objetivos antes de iniciar cualquier conversación en público y nunca subestime el poder del *nivel emocional*. Así como puede tocar en lo más profundo de las personas para motivarlas a autorrealizarse y lograr objetivos positivos, también puede alborotar sentimientos negativos que hagan sentir mal a las personas, hundiéndolas en lo más profundo de su tristeza.

A diario vemos fanatismo ciego en muchas situaciones a causa de un líder o líderes que mal utilizan el *nivel emocional*, lo cual nos lleva a situaciones erróneas e impulsivas ya que se han construido sentimientos negativos.

Si no se saben aplicar las técnicas que más adelante vamos a desarrollar, el *nivel emocional* puede resultar perjudicial tanto para el líder como para quienes le escuchan, sus aliados. Por lo mencionado antes, le invito a avanzar paso a paso en el mundo de *La Oratoria de los Líderes*.

Ejemplos de personas que hablan o han hablado al nivel emocional *positivo*:

• **«El éxito llega para aquellos que trabajan para lograrlo; estoy seguro que si pones manos a la obra, cada día estarás más cerca hasta conseguirlo, inicia hoy».** *El Genio de la Oratoria.*

• «Cuando sabes lo que quieres y lo quieres con suficiente fuerza, siempre vas a encontrar la forma de obtenerlo». *Anónimo.*

• «Si empiezas a trabajar en tus metas, tus metas trabajarán para ti. Si empiezas a trabajar en tu plan, tu plan trabajará para ti. Cualquier cosa buena que construyamos terminará construyéndonos a nosotros». *Jim Rohn.*

Existen muchos más ejemplos de discursos que hablan a la *emoción,* y ahora que sabes cómo funcionan te empezarás a dar cuenta cuando los escuches. Son frases que nos mueven, incitan al movimiento de manera positiva, también empiezan a construir nuestros sentimientos, por ello el nombre de *nivel emocional.* Ahora quiero mostrarle ejemplos de personas que hablan o han hablado al nivel emocional *negativo:*

• «Si no llegan temprano al trabajo les amonestarán y serán despedidos, así que sean puntuales». *Anónimo.*

• «Si haces lo que digo en nombre de la religión no irás al infierno, así que debes ser una buena persona y comportarte leal al mandato». *Anónimo.*

• «La mezcla de la sangre y el menoscabo del nivel racial que le es inherente constituyen la única y exclusiva razón del hundimiento de antiguas civilizaciones. No es la pérdida de una guerra lo que arruina a la humanidad, sino la pérdida de la capacidad de resistencia, que pertenece a la pureza de la sangre solamente». *Adolfo Hitler.*

• «En el mundo solo hay poco, hay que correr y apurarse a agarrar lo que más se pueda, si es posible hacerlo a costa de otros no importa, así es la supervivencia». *Anónimo.*

Este tipo de discurso también incita a la acción, al movimiento pero con fanatismo y también despierta emociones y construye sentimientos pero en el nivel emocional negativo lo que prevalece es el miedo, rabia, angustia, represión, por eso esta es la parte del *nivel emocional* negativo. Así que es importante conocer la diferencia para saber hacia dónde irá su discurso.

No con esto quiero decir que nunca muestre los aspectos negativos en su discurso para tomar una decisión o ejecutar alguna acción, sólo que no debe centrarse exclusivamente su discurso en evitar aspectos negativos y mucho menos en manipular a las personas a través del miedo y de alimentar este tipo de sentimientos como lo hacen algunos.

Incluso en la técnica del encuadre que se desarrollará más adelante, mostraremos cómo abordar dichos aspectos de una mejor manera.

Resultados del nivel emocional

Comentarios del lector

Resulta interesante y pertinente para el análisis del discurso gerencial y pedagógico el manifiesto que trasciende a

la oratoria formal e informal del libro *La Oratoria de los Líderes* escrito por jóvenes emprendedores y creativos que utilizan el verbo para resaltar la realidad detrás de la oralidad, la cual representa un recurso productivo para acercarnos a las relaciones interpersonales, el clima organizacional y la motivación al logro como parte del propósito fundamental de la oratoria y el discurso. Detrás de este propósito debemos considerar las premisas de los autores al fundamentar la efectividad del discurso sobre la base de los despertares emocionales y la construcción de los sentimientos que se pueden suscitar detrás del mismo. No podemos amar si no somos amados pues si no, somos locos enamorados.

Waldo Contreras Doctor en Educación waldogasteiz@yahoo.com

Nivel 4 (nivel espiritual)

En esta vida todos tenemos ideas, casi siempre buenas. Ideas que muchas veces se quedan en la telaraña de lo más pro fundo de nuestra con ciencia y de verdad es muy triste que no podamos transmitirlas de manera que puedan causar un impacto positivo o un cambio para bien en las personas que nos escuchan.

Un líder se caracteriza por hacer valer sus ideas, por darlas a conocer de manera exitosa y por hacer que las masas le sigan en su misión. Y qué mejor manera de hacer saber sus ideas en público que aplicando técnicas de *La Oratoria de los Líderes*.

En las siguientes páginas *usted* va a conseguir una serie de técnicas que, colocándolas en práctica junto a su estilo de hablar en público, podrá conquistar muchos aliados y tendrá todo el éxito que desee cuando hable a grupos de personas, ya sea para defender una tesis o para conversar acerca de un tema en público. Pero la mejor técnica que *usted* puede aplicar es la de llegar al espíritu de quien le es cucha. Si *usted* puede llegar al espíritu de las personas a quien va a transmitir sus ideas, su éxito está asegurado. Los líderes hablan al espíritu.

Tengo un amigo llamado Elías que es líder religioso y tiene bajo su liderazgo en la institución religiosa que dirige, una cantidad considerable de personas que en la actualidad sigue creciendo. Y en conversaciones con este amigo un día le pregunté: cómo hacía para que tantas personas se mantuvieran asistiendo al templo, qué hacía para que las personas cumplieran religiosamente su participación: Y él me respondió: «*Nosotros sencillamente le hablamos al corazón, al espíritu*». Continuó diciendo: «*Cuando las personas entran aquí al templo y nos escuchan sienten una energía espiritual inigualable, y esa es nuestra gran fortaleza*». Y es esa la razón por la cual esa religión tiene tantos seguidores. Pero la conversación no quedó allí, inmediatamente le pregunté: «*¿Cómo saben ustedes que ellos sienten esa energía espiritual cuando hablan con ellos?*» Y él me respondió: «*Porque nosotros cuando hablamos también sentimos esa energía*».

En pocas palabras, lo que me quiso decir ese líder religioso es que si quieres vislumbrar al corazón, al espíritu de las personas a quienes deseas liderar o a quienes deseas llegar a través de un discurso, debes partir de tu corazón, de tu espíritu.

Es la única forma de llegar al último nivel.

Para llegar al espíritu hay que partir del espíritu. En esto se basa ¡*El nivel espiritual!* Ya sea para el cine o la televisión, para una película o dibujo animado, los directores invierten una cantidad enorme de dinero, millones y millones sólo con un objetivo, el de llegar al corazón de la audiencia: televidentes o cinevidentes. Tocar sus emociones y vislumbrar sus sentimientos. Despertar interés, mantener la atención, activar su sentido del humor. Asomar sus miedos y tocar su tristeza. Iluminar su alegría y resaltar su felicidad. En fin, hacerlo que experimente con sus emociones, de una manera que se sienta vivo, y de esta forma poder llegar a su espíritu. A veces vemos una obra de arte y nos transmite algo que no es descriptible con palabras, pero sabemos y coincidimos con muchas personas en que sí es cierto, quizás porque esta obra puede movernos internamente. Porque puede mover nuestro espíritu. Es allí donde debe centrarse el discurso. Ya sea para presentar una tesis, un trabajo de grado o investigación, ya sea que *usted* se esté presentando en una conferencia o taller, que esté dando un discurso político o el sermón en una iglesia, que esté animando una fiesta de cumpleaños o matrimonio. Si el tema que va a presentar es sobre carpintería nuclear o sobre la inmortalidad del cangrejo. Sea el tema que sea. O si su presentación va a durar cinco minutos o cuatro horas. Si el público que va a observar son especialistas y expertos o personas que poco manejan el tema. Ya sea que le vayan a evaluar o que simplemente le observen por gusto, siempre, repito *siempre,* se puede llegar al espíritu de las personas.

El mensaje que se expresa en el *nivel espiritual* no se queda entre cuatro paredes de un salón o un auditorio sino que sigue resonando y dibujando imágenes positivas de cambio y evolución en las mentes y los corazones de las personas que escuchan. Incluso después de la trascendencia biológica del líder orador, su mensaje sigue intacto, sólo por el hecho de haber llegado al *nivel espiritual.*

Para llegar al *nivel espiritual* es necesario pasar por los otros tres niveles antes mencionados. Pasearse por los tres niveles para llegar al nivel espiritual es un proceso que los mejores oradores conocen y manejan a la perfección; los *líderes oradores* transitan convenientemente por todos los niveles con un grado de sutileza y habilidad de cirujano cardíaco.

«...realmente inspiraban a las personas a salir de sus conchas, a superar sus miedos y a perseguir sus sueños... sueños que hacen que la vida valga la pena. Para poder hacer

eso, el orador debe tener capacidad de liderazgo». Robert Kiyosaki

Comentarios del lector

Si partimos de la premisa de que somos seres espirituales, que venimos a este mundo a desarrollar una experiencia material, en la práctica, para un líder tener éxito en su exposición, además de manejar el tema, considero prioritario el amor, la pasión por lo que se hace, de esta forma llega al alma de las personas. Introduciendo sensaciones que fluyen y refluyen por todo el organismo, produciendo un gran interés por lo que se está hablando. A esto es a lo que se llama conexión con el Ser, que crea armonía en la audiencia.

Lic. María Elena Vizcaya Psicoterapeuta Integrativa @centrochamuel

Ejemplo de personas que han llegado al nivel espiritual con su mensaje (por favor léelas en voz baja y lenta mente):

- «Aprendí que el coraje no era la ausencia de miedo, sino el triunfo sobre él. el valiente no es quien no siente miedo, sino aquel que conquista ese miedo». Nelson Mandela.

- «Aquel día decidí cambiar tantas cosas, aquel día aprendí que los sueños son solamente para hacerse realidad. Desde aquel día ya no duermo para descansar, ahora simplemente duermo para soñar». Walt Disney.

- «Dar ejemplo no es la principal manera de influir sobre los demás; es la única manera que existe». Albert Einstein.

- «No puedo parar de trabajar. Tendré toda la eternidad para descansar». **Madre Teresa de Calcuta**
- «Nuestra recompensa se encuentra en el esfuerzo y no en el resultado. Un esfuerzo total es una victoria completa» **Mahatma Gandhi.**
- «Pedid, y se os dará, buscad y hallaréis, llamad, y se os abrirá. Porque todo aquel que pide, recibe, y el que busca halla, y aquel que llama, se le abrirá. ¿Qué hombre hay de vosotros, que si su hijo le pide pan, le dará una piedra? ¿o si le pide un pescado, le dará una serpiente?». **Jesús de Nazaret.**

El nivel *1 (Nivel Boca-Oído)* hace referencia a la parte física y/o biológica de nosotros como seres humanos.

Es estrictamente necesario comunicarnos a través de nuestros sentidos. Este es un buen comienzo, hacer llegar la información a través de los sentidos. El problema es cuando nos quedamos sólo allí, porque el grado de atención será muy poco en este nivel y no avanzaremos al siguiente.

El tiempo en el *Nivel Boca-Oído* debe ser corto dado que funciona únicamente para llamar un poco la atención cuando iniciamos un discurso, en los primeros minutos las personas están pendientes de lo que decimos, pero esa atención sólo durará poco tiempo si no pasamos al siguiente nivel. Luego tenemos el nivel *2 (Nivel Cerebral)* para despertar el interés. Y es donde ingresamos a la mente de las personas. Hay que recordar algo significativo: una cosa es despertar el interés y otra mantenerlo. Despertar el interés es importante, pero mantenerlo es vital para la salud del discurso, por eso hay que seguir avanzando al siguiente nivel. Pasar del nivel 1 al 2 es un logro valioso que abre las puertas del nivel 3. Nuestro tiempo en este nivel puede ser un poco mayor que en el nivel 1.

A continuación llegamos al nivel *3 (Nivel Emocional)*, y podría decirse que es el nivel donde más tiempo puede durar nuestro discurso. No con esto quiero decir que no sea importante la información que se va a suministrar, sólo que dicha información debe hacerse dándole un grado de importancia y credibilidad, demostrando la utilidad y aplicación de lo que se está diciendo. De manera que puedan tocarse los sentimientos y vislumbrar las emociones de quien escucha.

Los niveles 1, 2 y 3 funcionan de abre-boca para el nivel más alto, el nivel 4 *(Nivel Espiritual)*. Al realizar un trabajo adecuado en los niveles anteriores, podemos decir que «la mesa está servida» para el nivel 4.

Mayormente la duración del tiempo de su discurso en el nivel cuatro puede ser poca, pero concisa y determinante. *Usted* puede tocar este nivel para iniciar un discurso, para terminarlo, en la mitad o en cualquier momento. Quizás a través de unas palabras bien sentidas u otras técnicas que a continuación le vamos a mostrar. Sin embargo, quiero decirle con toda sinceridad: el nivel espiritual es la esencia de *La Oratoria de los Líderes.*

Pasar por los cuatro niveles de *La Oratoria de los Líderes* es una tarea que exige experiencia y trabajo. Por eso quiero decirle que es necesario que *usted* lea varias ve ces este libro y sobre todo los *Niveles de la Oratoria,* para que internalice las ideas y pueda ponerlas en práctica las veces que quiera. Mi sugerencia es que lea, marque don de considere importante recordar algo, escriba en un lado o en los espacios en blanco, coloque su firma en algún pensamiento que le guste. Lo que desee hacer, *¡hágalo!* Recuerde que este es su libro. Si desea compartirlo, regale uno nuevo o recomiéndelo. Sin embargo, éste es exclusivo para *usted*.

Un Sueño Que Nunca Se Cumplió

Este tema está dedicado a mi amigo El *Genio de la Oratoria* ya que fue él quien lo escribió. Por petición de él mismo no me permite decir su nombre, pero quiero agradecerle públicamente. Y estas son sus palabras:

«Siempre que leo los *Niveles de la Oratoria* puedo darme cuenta que muchas personas no logran su sueño de convertirse en oradores por no conocer los niveles. Cada vez que leo y releo los niveles puedo aprender aspectos nuevos de la oratoria que me abren la mente y me hacen recordar que hay un sueño que no he podido cumplir».

«Cuando era un jovencito en la escuela, soñaba con ser un gran orador. Confieso que soñaba con ser el mejor orador del mundo, cuestión que no pude lograr. Siempre soñé ser el mejor orador pero con el tiempo, observando a los mejores oradores descubrí algo más importante que ser el mejor orador. Descubrí que quiero ser yo mismo, que en cada presentación se mantenga mi estilo, que es único al igual que el estilo suyo».

«Siempre quise ser el mejor, pero lo que más quisiera ser ahora, es mantenerme como soy, mantener mi personalidad, mejorada y repotenciada en constante aprendizaje y con la curiosidad y espontaneidad de un niño, con mente flexible a los cambios pero al mismo tiempo manteniendo la esencia y aceptándome tal cual soy, ni más ni menos sólo lo que soy, con toda sinceridad y transparencia, respetando los ambientes y a las personas por supuesto, pero al mismo tiempo respetándome a mí mismo con la mayor honestidad a la hora de hablar en público».

«A muchas personas les da pánico y terror hablar en público. Los estudios demuestran que las personas tienden a tener más miedo a hablar en público que a la muerte. La razón fundamental es por imaginarse qué pensarán las personas que los miran. Por esa razón empeoran las cosas al querer fingir más de lo que son, queriendo ser otras personas, aparentando y buscando vivir de la fantasía. Por eso cuando se enfrentan a la realidad ocurre la catástrofe».

«He participado en muchas conferencias como orador y he tenido muchas presentaciones. Ninguna igual a otra, así se estuviera tratando el mismo tema, porque siempre dejo espacio para la improvisación, para escuchar a mi corazón y decir única y exclusivamente lo que siento en ese instante, que por cierto es un instante único e inigualable. Por esto quiero decir, solo existe una forma de sentir las palabras. Sólo hay una forma de que las palabras salgan de lo más profundo de nuestra alma, de nuestro espíritu y no es más que sentirlas de corazón. Llega un momento en que el tema no es lo más importante durante una presentación sino más bien saber hacer llegar esa información de forma tal que trascienda a lo más alto de la espiritualidad. En eso se basa el *Nivel Espiritual*».

«Ahora mi mayor sueño es que en cada presentación pueda tener la inspiración para llegar a lo más alto de la espiritualidad de las personas, para trascender, para que el mensaje se mantenga en la eternidad. Por grande o pequeño que parezca dicho mensaje, estoy seguro de que si toco el nivel espiritual, el mensaje resonará por mucho tiempo en las mentes y corazones de quien escucha.

La teoría de lo que se presenta es importante, siempre y cuando tenga sentido. Y el mayor sentido que se le puede dar es hacia la sensibilidad humana. Y la sensibilidad humana se encuentra en el *Nivel Espiritual»*. Palabras del Genio de la Oratoria.

EL TRIÁNGULO DE LA ORATORIA

Existen tres técnicas fundamentales que le permitirán pasar por los niveles boca-oído, cerebral, emocional, hasta llegar al espiritual, las cuales vamos a estar desarrollando detenidamente y de manera sencilla en las próximas páginas. A estas tres técnicas denominaremos el *Triángulo de la Oratoria*.

El Triángulo de la Oratoria

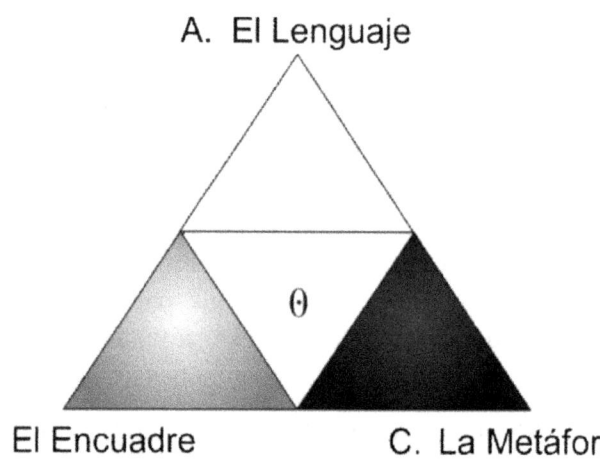

El *Triángulo de la Oratoria* es llamado así por las tres puntas. Cada punta representa una técnica para escalar en los *Niveles de la Oratoria*. Sabiendo utilizar y combinar de manera adecuada estas tres técnicas, podrá disfrutar de todo el éxito que desee en cualquier presentación en público.

El Triángulo de la Oratoria está conformado por tres puntas y las llamaremos:

Punta (A) El Lenguaje (color Blanco).
Punta (B) El Encuadre (color Gris).
Punta (C) La Metáfora (color Negro).

Vamos a iniciar viendo minuciosamente cómo está conformada cada una de estas puntas. ¿Se encuentra listo o lista? *¡Empecemos!*

Punta (A) el lenguaje (color Blanco)

El lenguaje es en esencia la forma de comunicación más importante que tiene el ser humano, por no decir que la única. Somos seres lingüísticos y el lenguaje puede determinar quiénes somos, cuáles son nuestras preferencias y al mismo tiempo puede permitir la influencia positiva o la manipulación de otras personas. Desde temprana edad lo que nos dicen nuestros padres, familiares, maestros y amigos puede determinar nuestras vidas, por esa razón podemos decir que el lenguaje tiene un poder impresionante; y en oratoria el poder puede aumentar si se sabe utilizar dicho lenguaje.

Cuando un líder conversa en público y está ejerciendo la oratoria, es quien tiene el poder en ese momento. Imagine el control remoto de las alarmas de un automóvil, tiene tres botones que le permiten tener el poder sobre el vehículo. Si toca un botón puede activar la alarma, otro botón enciende las luces para saber dónde está el vehículo cuando hay oscuridad y el otro puede servir para encenderla.

De la misma manera, cuando los líderes se comunican en público tienen tres botones en un control remoto para influir en las personas a través del lenguaje.

En la imagen podemos observar de qué se encarga cada botón. Literalmente, *usted* puede accionar estos botones a través del lenguaje y tener el control sobre el público.

Un botón sirve para *motivar* al público, mantenerlo alerta y pendiente de todo lo que se dice. Funciona para conectarse con la audiencia. Y déjeme decirle que ese botón es el mecanismo para subir del nivel boca-oído al nivel cerebral de manera inmediata. Tan sencillo como tocar un botón.

Luego está el botón *Aburrir*, que al utilizarlo coloca al público en un estado demasiado pasivo y deja a las personas listas para dormir. Es un botón especial para matar de aburrimiento. Y por último, el botón de *Polémica,* que funciona para crear asperezas e incomodidad en el público, es especial para despertar discusiones y disputas.

Motivar vs. Aburrir

Vamos a conversar de los dos primeros botones del lenguaje *(Motivar vs Aburrir),* para luego mostrar el último botón del lenguaje *(Polémica).*

Los botones del lenguaje

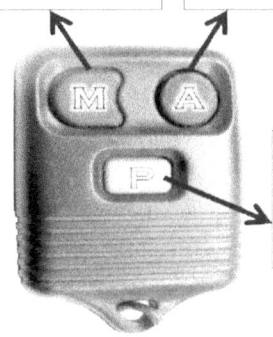

- Tono de voz cambiante.
- Gestos y carisma.
- Espacio completo.
- Hablar en 3 idiomas.
- Tiempo activo.
- Pronunciación adecuada.
- Lenguaje fluido.
- Humor.

- Tono de voz monótono.
- Gestos repetitivos.
- Espacio reducido.
- Hablar en nominalizaciones.
- Tiempo pasivo.
- Pronunciación inadecuada.
- Muletillas.
- Seriedad.

- Generalizaciones.
- Temas delicados: dinero, sexo, política y religión.

A. Lenguaje

Botón Motivar (M) - Botón Aburrir (A) - Botón Polémica (P)

Nos vamos a tomar el atrevimiento de asignarle que compare la diferencia entre los dos primeros *botones del lenguaje* en cuanto a la influencia que tienen sobre el público.

También queremos que observe la importancia de cada botón y que pueda comprender que quien tiene el control es el orador y que tiene el poder de aburrir al público, motivarlo o crear polémica. Empecemos.

Tono de voz cambiante vs. tono de voz monótono: Un tono de voz cambiante por parte del orador mantiene alerta al público porque permite que exista algo denominado variación de

37

estímulos. Las profesoras Alicia Mazza y Ana Colmenares, en su libro Las 7 Técnicas de Clase explican ampliamente este concepto que incluye a todos los sentidos, pero en este caso hacemos alusión al oído por tratarse del tono de voz.

Subir y bajar el tono de voz durante el discurso de manera apropiada, es algo similar a montarse en una montaña rusa. Imagine una montaña rusa sin subidas ni bajadas, creo que no fuera divertida.

La intención primaria en lo que se refiere a la voz, es que cuando se inicia la presentación es necesario ajustar el tono de voz para que todos escuchen. Si va a hablar con micrófono asegúrese de probar rápidamente su tono de voz en las palabras iniciales, y si puede probarlo antes del discurso, mucho mejor. Lo mismo si le toca hablar a voz proyectada.

El truco es que cuando hable no aturda los oídos de las personas, pero que se escuche con claridad lo que dice. Luego, puede bajar la voz cuando quiera llamar la atención de su público. Bajar la voz permite que las personas entren en un pequeño trance, ideal para contar historias o metáforas. Debe usted mantener presente que aun cuando baje la voz, debe proyectarla en todo momento.

Como si estuviese lanzándola hasta el final de la sala o auditorio, es decir hasta la última fila, hasta la persona más alejada si está en lugar abierto. Si escucha la persona más alejada, todos escucharán.

Por el contrario, puede subir la voz para decir alguna frase emotiva o que requiera de energía. Inclusive, usted puede cambiar tanto el tono de voz como la velocidad con que pronuncia las palabras, puede hablar de prisa o con lentitud, dependiendo de lo que desee transmitir. La velocidad activa el campo visual y las imágenes mentales, ideal para hacer visualizar a la audiencia; hablar lento y con ritmo activa el diálogo interno como mecanismo para hacer reflexionar a los presentes y si desea que las personas experimenten sensaciones emocionales y corporales hable aún más lento y con voz más grave, como el bajo de una banda sonora.

Combinar estos elementos es como los ingredientes de una receta: sabiéndolos mezclar obtendremos un rico plato.

Ahora bien, un tono de voz monótono causa aburrimiento inconsciente. Es como escuchar música con el mismo tono de melodías. El éxito de las melodías musicales está en la variación de los ritmos. Por eso variar el tono de voz le brindará grandes beneficios, porque mantendrá alerta y activo al público.

¿Quiere practicar? La práctica hace al maestro.

Ejecute estas lecturas en voz alta y varíe el tono de voz SUBIÉNDOLO EN LAS LETRAS MAYÚSCULAS, *bajándolo en las cursivas* y con len-ti-tud en las le-tras se-pa-ra-das por guio-nes. Puede solicitar a alguien que lo escuche, o grabarse para recibir *feed back*.

«La música debe hacer saltar fuego en el corazón del hombre». Ludwig Van Beethoven.

LA PIEDRA

El DISTRAÍDO tro-pe-zó con e-lla…

EL VIOLENTO la utilizó *como proyectil*…

EL EMPRENDEDOR, cons-tru-yó con e-lla…

EL CAMPESINO, *cansado*, la utilizó de ASIENTO…

Para los NIÑOS, fue un JUGUETE…

DRUMMOND la po-e-ti-zó…

DAVID, *mató* a GOLIAT…

Y MIGUEL ÁNGEL le sacó la más bella ES-CULTURA...

En todos estos casos, la diferencia no estuvo en la PIEDRA, sino en el HOMBRE.

No existe «PIEDRA» en tu camino que no puedas APRO-VE-CHAR para tu propio CRECIMIENTO.

EL PERRO FIEL

Una pareja de jóvenes tenía varios años de casados y nunca pudieron *tener hijos*. Para no sentirse solos, compraron un cachorro pastor alemán y lo AMARON como si fuera su propio hijo. El cachorro creció hasta convertirse en un GRANDE y HERMOSO pastor alemán.

El perro SALVÓ, en más de una ocasión, a la pareja de ser atacada por ladrones. Siempre fue muy fiel, quería y defendía a sus dueños contra *cual-quier* pe-li-gro.

Luego de siete años de tener al perro, la pareja logró tener al tan ANSIADO HIJO. La pareja estaba muy CONTENTA CON SU NUEVO HIJO y DISMINUYERON las atenciones que tenían con el perro. Éste se sintió relegado y comenzó a sentir celos del bebé y no era el perro CA-RI-ÑO-SO y fiel *que tuvieron durante siete años*.

Un día, la pareja dejó al bebé PLÁ-CI-DA-MEN-TE DUR-MIEN-DO en la cuna y fueron a la terraza a preparar *una carne asada*. Cuán fue su sorpresa cuando se dirigían al cuarto del bebé y ven al perro en el pasillo con la BOCA ENSANGRENTADA, *moviéndoles la cola*.

El dueño del perro PEN-SÓ LO PE-OR, sacó un arma que llevaba y en el acto MA-TÓ AL PE-RRO. Corre al cuarto del bebé y encuentra una GRAN SER-PIENTE DE-GO-LLA-DA.

El dueño comienza a llorar y exclama: ¡HE MATADO A MI PERRO FIEL!

¿*Cuántas veces no hemos juzgado injustamente a las personas?* Lo que es peor, las juzgamos y condenamos sin investigar a qué se debe su comportamiento, cuáles son sus pensamientos y, lo más importante, *cuá-les son sus sen-ti-mien-tos.*

«Mu-chas ve-ces las co-sas no son tan ma-las co-mo pa-re-cen, *si-no to-do lo con-tra-rio*»

Si le pareció interesante, por favor ejecute nuevamente las lecturas para que afine su sensibilidad a la hora de hablar en público y poder variar el tono de voz de manera adecuada.

Comentarios del lector

Tal y como lo plantea el autor en este apartado, la voz constituye el instrumento físico principal, en la comunicación oral, que establece el líder con sus seguidores. A través de ella se reflejan emociones, sentimientos y actitudes. De allí, la importancia de conocer los diferentes factores que intervienen en el control de la voz: volumen, entonación, velocidad y dicción para mantener a la audiencia motivada e interesada en el mensaje que se desea trasmitir.

Msc. Ana Colmenares Prof. Educación Especial
anacolmenaresdelgado@gmail.com

Gestos y carisma vs. Gestos repetitivos: un buen líder, al hablar en público sabe que los gestos y el carisma controlados dan a los presentes alimento para la mirada, pudiendo capturar la atención. Tener gestos repetitivos durante una presentación es un error común que ocurre de manera inconsciente. Es como ver el pedacito de una película y repetirlo indefinidas veces sin avanzar.

Sencillamente aburre. No existen gestos adecuados, sólo hay que tener sentido común y personalidad. Lo que sí le puedo decir es que ajuste lo que dicen sus palabras con su gestualidad, con el momento, con lo que desea transmitir en su discurso. Si lo que desea es activar a las personas, sus gestos deben ser enérgicos; si su discurso es más formal, entonces los gestos deben ser más educados. Agregue a esto su carisma personal y observe los resultados.

Una investigación ya clásica del profesor Albert Mehrabian relató que el mensaje más decisivo dentro de la comunicación está balanceado hacia los gestos y el lenguaje corporal, por esa razón es indispensable que como líder orador tenga *usted* presente el mensaje que desea transmitir con sus gestos y posturas corporales.

Muchas personas mantienen posturas corporales inadecuadas mientras hablan en público. Posturas encorvadas, desgarbadas que reflejan y envían un mensaje inadecuado, distrayendo y dando un mal aspecto hacia la audiencia.

La postura corporal puede practicarla desde ya, colocándose en la pared y tocando con toda la espalda dicha pared, procurando mantener el cuerpo completamente recto. A lo mejor le va a parecer una postura extraña. Lo que ocurre es que muchas veces estamos acostumbrados a malas posturas y cuando tenemos una adecuada nos parece diferente e incómoda.

Recuerde siempre el mensaje que desea transmitir con su postura corporal, recuerde que la audiencia se va a hacer imágenes mentales de *usted*.

También es importante tener presente los gestos faciales. Los gestos faciales, al igual que los gestos corporales, hablan más que las mismas palabras. Ya se ha conversado bastante sobre las investigaciones realizadas en materia comunicativa y sabemos el peso que tiene en la comunicación el lenguaje corporal y facial más del 50%. Por esa razón, es necesario prestarle importancia a este tema en *La Oratoria de los Líderes*.

«**Un gesto dice más que mil Palabras**».

Espacio completo vs. Espacio reducido: Los líderes se caracterizan por dominar y recorrer el escenario, esto hace que exista una conexión directa con el público y permite acercarse para mirar y dejar mirarse.

El Líder Orador (repito, puede ser hombre o mujer, cuando digo Líder Orador lo hago de esta manera para ahorrar palabras) procura conectar la mirada con cada uno de los asistentes de manera progresiva, ya sea que ha ya gran cantidad de público o poco público; siempre se esfuerza por mirar y mantener contacto visual por turno hacia un lado, hacia el otro, hacia el centro, arriba, abajo, donde quiera que haya personas, hacia allá estará dirigida la mirada del *líder orador,* porque cuando *usted* mira a una persona por unos segundos, esta persona se siente atendida, tomada en cuenta y se convencerá mejor del mensaje que *usted* está enviando.

Si es un grupo muy grande puede dividirlo en cuatro partes y mirar momentáneamente por partes, y en cada par te irá mirando a diversas personas, pero recuerde no pasar la mirada rápidamente sino quedarse unos 3 ó 4 segundos con la mirada directa a los ojos.

Ese es el motivo por el cual considero de vital importancia moverse en el escenario, para poder mirar y dejarse mirar de mejor manera ¿Quiere un ejemplo interesante? Observe a los cantantes. Observe cómo la mayoría se mue ven en el escenario para acercarse y alejarse, sobre todo cuando hay grandes audiencias.

Los oradores novatos se mantienen siempre en el mismo sitio como si estuviesen encadenados, manteniendo la mirada en el mismo sitio y pudiendo agotar la mirada y las posturas de quien los observa como espectadores. Esto casi siempre ocurre en los sitios donde hay taburete, estrado u otros elementos que se utilizan para ciertos eventos.

Permitir mover el cuello de las personas del público a la hora de moverse en el escenario permitirá oxigenación y hará su discurso más agradable desde ese punto de vista. No se trata de correr o bailar en el escenario, si no de recorrer el espacio en la medida de lo posible, para permitir el contacto visual. Por pequeño o grande, reducido o espacioso que sea el sitio, siempre existirá la posibilidad de desplazarse. Hay eventos donde por motivos protocolares el orador debe permanecer en un solo sitio, pero mientras se pueda hay que moverse y desplazarse.

En conclusión, desplazarse por el espacio completo tiene como objetivo establecer el contacto visual con los asistentes, del *líder orador* hacia la audiencia y de la audiencia hacia el *líder orador*, en pocas palabras, ver y dejarse ver.

Y para dejarse ver es importante cuidar de la presentación personal. Tema que está explicado ampliamente en el libro *La Comunicación de los Líderes y sus 12 Secretos*.

La principal recomendación que puedo darle es que comprenda que la presentación personal envía un profundo mensaje. *Usted* debe preguntarse ¿qué mensaje quiero transmitir con mi presentación personal, tranquilidad, elegancia, dinamismo?

«**El movimiento le da vida a tu discurso, porque el movimiento es señal de vida**». **El Genio de la Oratoria.**

Hablar en los tres idiomas vs. Hablar en nominalizaciones: imagine que hay un evento de oratoria y que en el público existan personas de China, Rusia y Alemania que sólo hablan en su idioma. Y el ponente sólo habla en ruso y no existe traductor. ¿Cómo quedará la gente que sólo habla en chino y alemán? Difícilmente comprendan lo que dice el ponente ruso. Lo mismo ocurre con los idiomas de la comunicación que tratamos ampliamente en mi libro *La Comunicación de los Líderes y sus 12 Secretos.*

Si desea conectarse con todos los asistentes, en su discurso debe incorporar un lenguaje que involucre aspectos visuales, kinestésicos y auditivos, que son a lo que llamo los *idiomas de la comunicación*. Para ser más concreto, la forma como recibimos la información es a través de los sentidos, y en nuestra estructura mental para codificar la información ésta es convertida en imágenes (visual), sonidos (auditivo) y sensaciones (kinestésico), y en este libro a tales percepciones o preferencias sensoriales las hemos denominado como *los idiomas de la comunicación*, por eso digo que hay que hablar en los tres idiomas. Por la sencilla razón que en el público se conseguirá que existen personas que prefieren **ENFOCARSE** con términos relacionados con el lenguaje visual, otros prefieren **ESCUCHAR** términos **ARMONIZADOS** con el lenguaje auditivo y a unos les gusta **AGARRAR** las ideas con el lenguaje *kinestésico*.

Ahora, cuando finalice con este párrafo devuélvase al párrafo anterior y verifique las últimas tres palabras que están en mayúscula y notará que los términos están en los tres idiomas de la comunicación para satisfacer todas las preferencias de los lectores de este libro.

A continuación le voy a presentar una frase que siempre utilizo en mis presentaciones en público cuando estoy iniciando y deseo conectarme con toda la audiencia. Y dice así: «Ahora quiero que mantenga los *OJOS* bien *abiertos*, los *OÍDOS* bien *alertas* y *SIENTA* cada palabra que a continuación voy a *mencionar* para usted». (Observe otra vez las cursivas de este párrafo.)

Si *usted observa* con detalle todo el libro *NOTARÁ* que a pesar de que no hay tantas cursivas *EXPRESANDO* los tres idiomas de la comunicación, el libro fue cuidadosamente escrito *TOCANDO* a los tres, como estrategia para mantener la atención de todas las preferencias de las personas que leen; después de todo, el responsable de que las personas no se aburran es el escritor, y en el caso de la oratoria el responsable de mantener a las personas alertas es *usted*, el orador. ¿Pudo verlas otra vez?

Otro aspecto fundamental para vislumbrar a la audiencia, pudiendo mantenerse firme y armonizado a la hora de conectarse con el público a través de los tres idiomas es incorporar en la medida de lo posible imágenes, videos, para los visuales, moverse por el escenario para los kinestésicos y utilizar sonidos onomatopéyicos para los auditivos. Por supuesto, aclarando que lo hará en la medida de lo posible, en vista de que hay presentaciones que no se prestan para utilizar proyector para imágenes, espacio para desplazarse y lenguaje onomatopéyico para ex presarse; sin embargo siempre, se puede, todo está en su creatividad.

Vocablo de idiomas de la comunicación

Visual: ver, mirar, tener visión, visualizar, vistazo, ojeada, contemplar, iluminar, brillante, oscuro, claro, enfocado, entrever, alumbrar, divisar, estibar, no verlo claro, punto de vista, golpe de vista, visión, visible, panorama, a la luz de, despintado, colorido, visible, exhibir.

Auditivo: oír, escuchar, sonar, ser audible, amortizar, sintonizar, soy todo oídos, me suena, silencio, resonar, sordo, contar, expresado claramente, describir con detalles, préstame oídos, contén la lengua, habla bajo, no grites, escucho fuerte y claro, expresar palabras, me quito la palabra de la boca, palabra por palabra, presten atención.

Kinestésico: tocar, palpar, tentar, conectar, frío, calor, calma, tranquilo, base sólida, palpable, contacto, suave, duro, áspero, punzada, hormigueo, mantenerse firme, tener roce, codearse con alguien, mano a mano, estar presionado, quitarse un peso de encima, sentirse bien, agarra la idea, tómalo con calma, choca el comentario. Como una seda, textura.

¿Quiere convertirse en un experto? La diferencia entre un experto y un novato es el tiempo de entrenamiento: el novato no tiene mucho tiempo entrenando, el experto ha entrenado suficiente. Inicie de una vez.

Redacte un párrafo en las líneas de abajo y al finalizar suplante los términos y/o palabras procurando insertar términos de los idiomas visual, kinestésico y auditivo del vocablo de los *Idiomas de la Comunicación. (Por cierto, le voy a contar un secreto: este libro fue escrito así, primero se redactó y luego se pulió agregando términos de los tres idiomas; no se lo diga a nadie).*

Comentarios del lector

Los tres lenguajes de la comunicación son muy importantes para un líder orador; a través de estos podemos comunicarnos con todo tipo de personas y que a la vez, éstas entiendan y disfruten nuestro mensaje. Un buen líder sabe hablar bien estos tres idiomas y (yo digo que cualquiera puede hacerlo) utilizarlos correctamente para captar la atención de sus seguidores. Repito: cualquier persona puede dominar estos idiomas y haré todo lo posible por hacerlo.

Noam Herrera, 11 años Estudiante noam.herrera@gmail.com

Estamos abordando aspectos de los botones del lenguaje de manera enfrentada, haciendo una comparación entre los botones *Motivar* y *Aburrir*. Si le ha parecido bastante, tómelo con calma, todo se puede aprender; conozco muchas personas que manejan todos los elementos de *La Oratoria de los Líderes*, así que si ellos pueden *usted* también puede. Cada quien a su ritmo.

Tiempo activo vs. Tiempo pasivo: una vez estaba en una conferencia tratando de explicar este punto y le dije al público lo siguiente: «¿Tienen la posibilidad remota de colocarse de pie?», y las personas muy lentamente, algunas con pereza, otras más por educación, trataron depararse pero «como quien no quiere la cosa»; sin embargo, la mayoría de las personas permanecieron sentadas por largo rato antes de colocarse de pie. Luego les pedí que se sentaran y conversé un rato más de otro tema, y de pronto les dije: «Por favor todos de pie». Y de manera inmediata todos se colocaron de pie de forma coordinada, como si se hubiesen puesto de acuerdo. Todo esto ocurrió porque la primera vez que los mandé a colocar de pie lo hice utilizando el *tiempo pasivo* en mi lenguaje, pero la segunda vez utilicé el *tiempo activo*, por eso tuve más éxito en la orden que les di.

El *tiempo activo* mantiene a la gente activa porque es un lenguaje que ubica al público en el aquí y en el ahora, mantiene la atención en el momento, evitando que las personas piensen en cosas del pasado o del futuro; sin embargo, el *tiempo pasivo* del lenguaje hace que las personas piensen en pasado o futuro, y recordemos que uno ya pasó y el otro no ha llegado.

Lea las frases siguientes y fíjese cuál es su respuesta interior a cada una de ellas, ¿producen todas el mismo efecto?

Uno puede hacer un buen discurso.

Usted puede hacer un buen discurso.

Se puede hacer un buen discurso.

Haga un buen discurso… *ahora*.

El *tiempo activo* del lenguaje es ideal para aquellas presentaciones que tienen dinámicas o ejercicios con la audiencia, en vista de que permite mantener literalmente la mente en movimiento y si la mente está activa, falta nada para que el cuerpo esté activo; lo contrario: si el cuerpo está activo y la mente pasiva, puede ocurrir una catástrofe. Es el caso de los conductores que se quedan dormidos con los ojos abiertos y moviendo las manos al volante, porque el cuerpo está activo y la mente pasiva.

Cabe destacar que el lenguaje activo lo puede utilizar en cualquier tipo de presentación y no necesariamente en las que tienen dinámicas o ejercicios. Tampoco se puede pensar, como dicen por allí algunas personas, que las presentaciones en público para que puedan tener éxito tienen que incluir una dinámica de manera obligatoria. He visto excelentes presentaciones sin dinámicas o ejercicios y he visto la calamidad en presentaciones con dinámicas.

Pronunciación adecuada* vs. *Pronunciación inadecuada: si *usted* conversa con un abogado y éste no sabe pronunciar bien las palabras, difícilmente pueda desarrollar confianza en ese abogado y por ende no lo contrataría para que le represente. Lo mismo si le van a hacer una operación y antes conversa con el médico y éste no sabe hablar bien, pronunciando las palabras de manera inadecuada.

Dudo que *usted* desee operarse con ese médico. Algo similar ocurre con un orador que no sepa manejar el tema de la *dicción*. Pongo en tela de juicio que genere con fianza en el público.

Obviamente la dicción no va a decirnos exactamente si el médico o el abogado son buenos en su trabajo o no, pero es una tarjeta de presentación. En el caso del médico y el abogado o cualquier otro profesional, quizás no es indispensable pero sí determinante el tema de la *dicción*.

Ahora bien, para un orador la *dicción* es como la licencia para el conductor, los zapatos para el corredor, el pincel del pintor y pasa a ser requisito *sine qua non,* indispensable y obligatorio para el orador.

Es estrictamente necesario que un líder orador hable y pronuncie perfectamente las palabras para generar credibilidad y para que pueda desarrollar el poder de convencimiento.

«La mala pronunciación de consonantes o vocales, o una dicción a medias, dan como resultado una pobre expresión oral. Además, esto hace que el público se distraiga, no comprendan el mensaje y le resta profesionalidad al orador o expositor». Leandro Delgado.

Lo más importante para mejorar en este tema es ejercitar los músculos que nos permiten pronunciar de mejor forma las palabras.

En este momento le vamos a dar unos ejercicios bien interesantes para que *usted* ejercite los músculos que intervienen en la pronunciación y pueda fortalecerlos, convirtiéndose en un campeón o campeona de la pronunciación.

Sólo tiene que practicar hasta que considere que ya domina la pronunciación adecuada.

Ejercicio 1

Ejecute la siguiente lectura en voz alta colocándose un lápiz en la boca.

Función del lápiz

El lápiz vendrá a ser para su boca, lo que una pesa en el gimnasio para su cuerpo, es decir *usted* se ejercita con pesas para fortalecer sus músculos y por ende su salud corporal; lo mismo hace el lápiz, permite ser una pesa que fortalece su lengua, para mejorar su dicción. La práctica continua de este ejercicio permitirá en poco tiempo que *usted* obtenga beneficios en materia de pronunciación adecuada de las palabras. Puede tomar otras lecturas si lo desea y hacerlo una vez al día durante el tiempo que considere necesario hasta dominar la dicción. Recuerde por favor que debe hacerlo en voz alta.

¿Ya ejecutó la lectura anterior mordiendo el lápiz? Si quiere puedo esperar aquí mientras *usted* busca el lápiz para realizar el ejercicio, no hay problema ni apuro. Si ya lo realizó, pasemos al siguiente ejercicio.

Ejercicio 2

Practique lecturas en voz alta silabeando las palabras O-tro e-jer-ci-cio va-lio-so pa-ra me-jo-rar el te-ma de la dic-ción es le-er len-ta-men-te en voz al-ta y si-labean- do las pa-la-bras. Puede seguir ha-cién-do-lo in-depen- dien-te-men-te que las palabras estén separadas por el gui-ón o no. Pero siem-pre es-for-zán-do-se por si-labear exagerando el mo-vi-mien-to de su bo-ca.

Tam-bién hay que co-rre-gir las le-tras «comidas», es de-cir a-que-llos e-rro-res de dic-ción don-de no se pronun- cian las e-ses o las e-nes al fi-nal de las pa-la-bras, a-sí co-mo o-tras le-tras y el ca-so de las cam-bia-das (la «l» por la «r», la «r» por la «l», la «c» por la «p»). Por eso también es importante practicar las sílabas con las consonantes más difíciles las cuales son (repetir tres veces cada línea):

• (rrrar- rrrer- rrrir- rrror- rrrur).

• (sssas- ssses- sssis- sssos- sssus).

• (nnnan- nnnen-nnnin-nnnon-nnnun).

Esta que sigue pronunciada no como «doble ele» sino como «ele» (lllal-lllel-lllil-lllol-lllul). Repetir varias veces hasta que se domine completamente.

Ahora procure silabear sin ayuda del guión el siguiente texto: No hay que irse al extremo, a una manía por una exagerada dicción que reste naturalidad a quien habla. Hay personas que pronuncian hasta la segunda «s» de Strauss y la «p» de psicología. En algunos casos se ejercita el sonido fricativo de la «v» para diferenciarla de la «b». Tal exageración, impropia del idioma español, suena muy pedante. Recuerde que estos son ejercicios para mejorar la dicción, sin embargo lo más importante es la naturalidad durante la presentación. En todo caso mi recomendación es que practique con todo el esfuerzo que pueda, para que cuando hable en público ya se haga una costumbre.

Ejercicio 3

Practique lecturas con rapidez y en voz alta destrabalenguas Practicar destrabalenguas también es un buen ejercicio para mejorar la dicción, aquí le muestro algunos, sin embargo, puede buscar otros. Le sugiero que inicie con es tos. Empiece leyendo a una velocidad moderada hasta llegar a la máxima velocidad posible.

• Pablito clavó un clavito ¿qué clavito clavó Pablito? Pablito clavó un clavito en la calva de un calvito. Por eso te digo, en la calva de un calvito un clavito clavó Pablito.

• Guerra tenía una parra y Parra tenía una perra. La perra de Parra mordió la parra de Guerra, y Guerra le pegó con la porra a la perra. –Diga usted, señor Guerra, ¿por qué le pegó con la porra a la perra? –Porque si la perra de Parra no hubiera mordido la parra de Guerra, Guerra no le hubiera pegado con la porra a la perra.

• Paco Peco, chico rico. Insultaba como un loco a su tío Federico; y éste dijo: Poco a poco, Paco Peco, poco pico. Me han dicho que has dicho un dicho que han dicho que he dicho yo, el que lo ha dicho, mintió, y en caso que hubiese dicho ese dicho que tú has dicho que han dicho que he dicho yo, dicho y redicho quedó. Y estaría muy bien dicho, siempre que yo hubiera dicho ese dicho que tú has dicho que han dicho que he dicho yo.

- Desotorrinolangaparangaricutirimicuarizar. El desotorrinolaringaparangaricutimicuador que logre desotorrinolangaparangaricutirimucuarizarlo, buen desotorrinolaringaparangaricutimicuador será.

Ejecútelo hasta que tenga un dominio cómodo de las lecturas y observará la mejoría de manera inmediata.

Puede buscar otros ejercicios si es necesario.

Uso de muletillas vs. lenguaje fluido: hay unos monstruos que se manifiestan en nuestra oratoria y que le restan elegancia, distraen y entorpecen enormemente el discurso.

Estos monstruos tienden a aparecer de manera inconsciente y automática, nos afectan a la hora de hablar en público y por lo general no nos damos cuenta, pero el público sí.

Cuando era estudiante de pregrado me tocó hacer mi primera exposición y uno de mis compañeros de clase pudo grabar la presentación con una grabadora de bolsillo, luego nos la mostró y en apenas cinco minutos repetí la palabra «este» más de 30 veces. Recuerdo que la profesora me hizo la observación, sin embargo, no recuerdo haber dicho nunca esa palabra hasta que la oí en la grabación.

Lo cierto es que fue el inicio de una batalla muy importante. Y que sólo pude ganar aclarando el panorama, gracias a estar consciente de que tenía tal muletilla. Una muletilla consiste en la repetición continua de una frase o gesto y que a la vez se hace habitual antes o después de terminar una frase o palabra, a tal punto que posiblemente no se pueda decir algo sin mencionarla, interrumpiendo de manera desagradable para quien escucha la idea de lo que se quiere transmitir, restando elegancia y fluidez.

Existen muchas muletillas, de hecho casi todas las personas tenemos muletillas a la hora de hablar. La idea es minimizarlas.

Algunos ejemplos generales de muletillas son las siguientes: eeee, esteee, mmmm, o sea, pues, bueno, ¿verdad? Estas son apenas algunas, pero la repetición continua de alguna frase, expresión o sonido, hace que se convierta en muletilla.

Lo que ocurre con la muletilla es que las personas no se pueden quedar calladas mientras están hablando y buscan el recurso para apoyarse y recordar lo que iban a decir. Por eso se les llama muletilla, de muleta, de apoyo. Es como si la muletilla fuera una caña de pescar y las ideas fueran peces que no logran pescar de una vez por todas.

Muchas veces las muletillas se utilizan para buscar la aprobación del público o un gesto de *feed back* positivo, en vista de que es necesario para la confianza del orador observar las reacciones y respuestas positivas de quien nos escucha.

Hay un antídoto que es mortal para enterrar las muletillas y acabar con esta plaga maligna que acecha a la oratoria, y no es más que el *silencio*.

Realizar una pausa de unos 2 ó 3 segundos antes de mencionar la siguiente frase es una solución contundente contra las muletillas.

Cuando estamos en los cursos o seminarios que me toca facilitar, le decimos a los estudiantes que ejecutan las presentaciones como tarea, que hagan las pausas para practicar, a veces les decimos mientras están practicando que hagan la pausa el tiempo que deseen, de 10 segundos, hasta 20 segundos, hasta enganchar la siguiente idea. Imagínese *usted* 20 segundos sin decir nada, es bastante pero es el remedio contra las muletillas. Es preferible, para empezar a atacar este mal, mantener largas pausas mientras se piensa en lo que se va a decir en la siguiente frase.

Aparte que las pausas adecuadas son un excelente abreboca para llamar la atención del público, crear curiosidad y generar expectativa.

También es importante leer mucho, enriquecer el vocabulario con diversos tipos de lecturas y sobre todo practicar.

Este tema del *lenguaje fluido* no es algo que se logre de la noche a la mañana, pero si sigue las pautas podrá vencer. Primero, concientizar que tiene muletillas a través de grabaciones o la opinión de terceros. Segundo, enriquecer su vocabulario a través de mucha lectura. Tercero, realizar pausas durante la presentación y practicar continuamente resolverá el problema en menos de lo que canta un gallo.

¡La tarea ahora es grabarse en un discurso y analizar cuáles son las muletillas para extinguirlas!

Humor vs. seriedad: si hay algo que puede hacer para que concretamente *usted* se meta en el bolsillo al público, es hacer reír a la gente. Los *líderes oradores* que hacen reír al público, tienen una clara ventaja por sobre los que los hacen pensar o reflexionar. No hay nada más pegajoso que la risa; si no me cree, asista a un curso de risoterapia.

Siempre procuro hacer reír al público en los primeros minutos de cualquier presentación.

Una vez me preguntaron en un evento que si se estaba defendiendo una tesis académica en una universidad o colegio era prudente utilizar el *humor*. Mi respuesta fue que sí. Sólo que debe hacerse con cautela y con mucho sentido común. No se trata de contar chistes o convertirse en un humorista ya que esto requiere de extrema preparación y no es el objetivo, pero sí señalar aspectos curiosos de cualquier elemento presente puede hacer que se descargue risa en la audiencia.

Recuerde, no es lo mismo ser divertido que chistoso; no es lo mismo hacer sonreír a la gente, quizás con un poco de picardía, que montar un show de risas. Por otro lado, la seriedad coloca una barrera que limita al público a quedarse «del lado de afuera», mientras que el humor permite la conexión que «los invita a pasar». El humor hace que las personas entren en sintonía de forma tal que exista un mejor contacto entre el *líder orador* y la audiencia.

Ya hemos conversado de lo que puede ocurrir al accionar los botones del control remoto del lenguaje.

«Prefiero entretener con la esperanza de enseñar, que enseñar con la esperanza de entretener». Walt Disney.

«El peor de los pecados de la educación es ser aburrida». George Herbert.

Hablamos de los dos primeros botones: si escoge el botón (A) aburrirá al público, y si escoge el botón (M), mantendrá al público activo y motivado. Ahora voy a conversar sobre el botón (P), polémica.

Polémica

Mientras la oratoria se desarrolla, se pueden activar a través del lenguaje mecanismos para generar en la audiencia polémica, discusión, debates. De esta forma *usted* como *líder orador* estaría accionando en el control remoto del lenguaje el botón de alarma, el botón *Polémica*.

Generar polémica suele producir en las personas incomodidad, fastidio, descontento en vista que pueden existir opiniones encontradas. Obviamente que no todo lo que diga en un discurso tiene que ser «palabra santa» para que todo el mundo esté de acuerdo, pero de allí a generar disputa o una discusión cuando se trata de convencer a alguien de algo, es un suicidio a las ideas.

«No todo el mundo está preparado para discutir sanamente». El Genio de la Oratoria

Generar discusión, creo que es un mecanismo eficaz a la hora de producir nuevos conocimientos y nuevos puntos de vista. *Usted* pudiese generar polémica si la audiencia está muy apagada y necesita algo de fuego para que despierten, sobre todo a la hora de iniciar una dinámica que tenga que ver con lluvia de ideas, discusiones o debates.

Hay varias formas de tocar el botón Polémica, y una es las generalizaciones. Utilizar las generalizaciones en su discurso creará polémica en la audiencia.

Las generalizaciones más comunes son: todos, siempre, nunca, nadie, cualquiera. Por ejemplo, ¿cómo se sentiría *usted* si escucha esta generalización?:

«Todas las personas que leen los *Niveles de la Oratoria* no los comprenden ». Probablemente su mente dirá: «¡Ey! todos no, yo sí los comprendí». Y así muchas personas pensarán lo mismo y estarán en desacuerdo con esa generalización, y si se tratara de un discurso, ya tiene *usted* de manera inconsciente varios enemigos que pueden hacer que el público se voltee en contra suya como orador. Una manzana podrida puede podrir las demás.

«Nunca existirá un orador tan bueno como *El Genio de la Oratoria*», al escuchar esta generalización una persona dirá: «¿Y si yo me preparo no puedo llegar a ser mejor que *El Genio de la Oratoria*?».

Este es otro ejemplo de cómo se puede generar polémica y ganarse enemigos gratis en el público. Un tercer ejemplo puede ser el siguiente: «Las personas que leen libros de oratoria, lo hacen porque siempre tienen miedo de hablar en público».

Alguien dirá: «A mí no me da miedo, sólo que no conozco las técnicas para llegarle al público con mi mensaje».

Para contrarrestar las generalizaciones que generan polémica *usted* puede utilizar los términos siguientes: algunos, quizás, posiblemente, pocas.

«*Pocas* personas que leen los *Niveles de la Oratoria* no los comprenden a la primera lectura, la mayoría sí». ¿Qué le parece ahora?

Otra: «*Quizás* no es tan fácil que aparezca un orador similar al *Genio de la Oratoria*». Fíjese, dije casi lo mismo pero con diferentes palabras, sin utilizar una generalización; de esta manera se evita la polémica.

Última: «*Algunas* personas que leen libros sobre oratoria, lo hacen porque les da miedo hablar en público».

¿Cómo le sonó? Repito, la polémica puede ser interesante para despertar al público cuando esté dormido, sin embargo hay que saberla manejar.

Otra forma de generar polémicas es tocar los temas delicados. Hay cuatro temas que considero están en el botón de alarma de la polémica y son: *dinero, sexo, religión* y *política*.

Procure evitarlos a menos que el discurso trate sobre alguno de estos temas. Generalmente estos temas hacen que se muevan las creencias y los más profundos pensamientos y opiniones de las personas, y como *usted* verá, las opiniones no son hechos comprobados.

Si va a tratar estos temas le sugiero que practique mucho antes y que lo haga con la sutileza y la experticia de un médico cirujano del cerebro.

«Si no puedes verificar que algo es un hecho, entonces es una opinión». Robert Kiyosaki.

Punta B el encuadre (color Gris)

Observe bien esta imagen y responda con sumo cuidado la pregunta de abajo. Por escrito o mentalmente.

¿Qué opina usted del surfista?_____

_____

Ahora observe esta otra imagen.

¿Qué opina ahora? _____
_____

Usted no puede cambiar el pensamiento de los demás, pero puede cambiar el contexto, y el contexto sí puede cambiar el pensamiento. Una idea en un sitio o en un momento específico puede tener un significado, pero en otro momento o sitio puede hacer variar dicho significado. Por favor, permítame explicarme de una mejor manera en las siguientes páginas. Pero antes ejecute este ejercicio.

 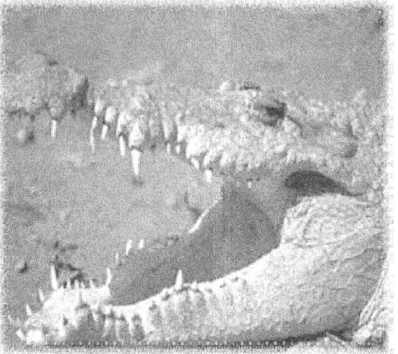

Responda por escrito o en su mente:

¿Quién ganaría en una pelea entre un cocodrilo y un oso? ¿Por qué?

_____
_____

Este niño acaba de batear un *home run,* responda lo que usted considere qué está pensando. ¿Cómo se siente? Responda en su mente por favor. _____

¿Existirá un contexto de felicidad? Sí___ o No___

Observe esta pintura y dígame por favor con toda la sinceridad y objetividad posible cuánto le da, en puntuación del 1 al 10. Puntuación____

Si *usted* dice algo antes de presentar la información de la que va a hablar en su discurso, puede hacer que varíe el punto de vista de quien le escucha.

Es decir, que lo que diga antes puede condicionar de forma tal la información para que se perciba de una forma diferente a la que se esperaba. Esa es la causa por la cual digo que hay que crear interés, curiosidad, justificar lo que se dice.

Usted puede estar hablando de carpintería nuclear o de la inmortalidad del cangrejo, pero debe hacer que las personas se interesen, si no para qué va a hablar. Y déjeme decirle que siempre se puede hacer que la gente se interese.

El tema del encuadre se trata de no llegar y «vomitar» la información que se trae, sino de crear esa atmósfera de curiosidad, presentar la información de forma creativa, generar expectativas, en pocas palabras, vender la idea con eficacia.

Recuerdo al profesor Wilfredo Goitte, quien me dio clases y es especialista en estrategias para el aprendizaje de la Universidad Pedagógica Experimental Libertador, cuando impartía sus clases nunca iniciaba hablando directamente del tema, hablaba de otras cosas primero, a veces tocaba aspectos cercanos, adyacentes o relacionados al tema para luego caer en el propio tema de manera colosal; era un gurú en esto de encuadrar discursos, haciendo que sus clases fueran mucho más interesantes, tanto que todavía las recuerdo con claridad.

«La humanidad ha buscado siempre el significado. Las cosas pasan, pero hasta que no les damos significado, las relacionamos con el resto de nuestra vida y evaluamos las posibles consecuencias, no son importantes». Joseph O'connor y John Seymour.

Ahora, piense en el niño que bateó el *home run.* Si yo le dijera que el niño que bateó el *home run* quebró el vidrio de un vecino, ¿qué me diría *usted*, cómo se sien te el niño? ¿Se sien te igual que antes o cambió lo que siente? _____

_____
_____

Ahora otra pregunta: ¿El ambiente sigue siendo de felicidad? Sí___ o No___

Si desea, puede volver a la página anterior y verificar su respuesta. Observe si cambió o es la misma. _____

_____

El encuadre es una forma creativa de presentar la información para justificarla, darle importancia, también para sorprender. Después de todo debe existir un porqué, una razón de ser de su discurso, sea cual sea el tema.

Para ello es necesario que las personas establezcan comparación con sus vidas diarias para crear interés, y ¿cuál es la mejor manera de crear interés? Buscando la utilidad, el para qué sirve, cuáles son los beneficios, qué se puede evitar y qué puedo ganar con lo que se dice, despertando curiosidad a través de preguntas, explicando cómo evolucionó lo que se está tratando, cuál es la historia, buscar la manera de que exista credibilidad, sustentándolo científicamente; en fin, existen infinitas formas de encuadrar la información, todo dependerá de la creatividad del orador.

Las preguntas que debe hacerse son: ¿de qué forma puedo mostrar la información de manera que pueda generar expectativas, curiosidad, interés? ¿Cómo puedo darle importancia a mi discurso? ¿De qué forma puedo justificar lo que estoy diciendo? ¿Desde qué punto de vista quiero que las personas miren lo que digo? ¿Cómo puedo hacer para darle sentido a la información que voy a presentar? ¿Qué tengo que decir para sorprender con lo que voy a presentar? ¿Cuál sería la reacción del público si iniciara por decir o hacer algo descabellado o si hiciera una larga pausa antes de empezar a hablar? ¿Y si hiciera algo raro, diferente?

Volvamos al ejemplo del niño que bateó el *home run:* ¿cómo se siente el dueño del vidrio que quebró el niño?_____

¿Existirá un ambiente de felicidad como cuando el niño bateo el *home run*? Sí___ o No ___

¿Y qué me dice si le pregunto cómo se siente el vendedor de vidrios? ¿Estará feliz? Sí___ o No___ ¿Por qué?

_____

_____

Los políticos son especialistas en encuadrar la información: un mismo hecho, los de «un lado» son capaces de sacarle provecho para proyectarse, mientras los del «otro lado» pueden hacer de este mismo hecho un elemento de fracaso.

Por allí hay un caso en el deporte de un atleta que obtuvo un logro en una competencia internacional y el gobierno local dijo que era un éxito rotundo dicho logro, y la oposición dijo que era un fracaso porque pudo haberse logrado más si se hubiese invertido más. Un mismo hecho encuadrado de diversas formas.

Hay una historia de un general al que le tocaba explicar en un discurso sobre la orden que le dio a sus tropas de retirada de una batalla y el discurso se basó en que «no se estaban retirando sino avanzando hacia atrás».

Una vez en una clase vi a una profesora cometer un error en la pizarra, y estaban los estudiantes y el director del colegio presentes. Los estudiantes eran unos holgazanes, le tenían odio a su profesora y querían hacerla quedar mal ante el director. Y llegó uno y se paró y le dijo en voz alta: «Profesora, tiene un error ortográfico en la pizarra, ¿no se da cuenta?; Qué vergüenza y eso que es una profesora». La profesora le contestó: «Excelente respuesta, tienes un punto más en la calificación de ortografía, ese fue un ejercicio que puse adrede para ver quién se daba cuenta». Los estudiantes quedaron con la boca abierta y en silencio.

«Cuando comprendas cómo funciona el encuadre tendrás todo el éxito que desees en la oratoria. Sea cual sea el tema, tengas la audiencia que tengas, sólo deja volar tu imaginación».

Otro día la misma profesora cometió un error en otra clase con otros alumnos, pero estos estudiantes eran más discretos y se acercó uno y le dijo al oído que tenía un error en la pizarra y la profesora terminó dándoles una charla a todos sobre que los profesores también pueden cometer errores y que los profesores también aprenden, no son perfectos, son seres humanos. Dijo: «Tengo derecho a equivocarme, soy un ser humano, de los errores se aprende más, que de cualquier otra forma». Los estudiantes quedaron contentos y más claros con respecto al aprendizaje.

Ante una misma situación la profesora aprovechó *el encuadre* para dar diferentes lecciones.

Ahora seguimos con las preguntas. ¿Qué opina *usted* sobre este niño? ¿Lo ve feliz?_____
_____

Responda a esta pregunta por favor, es muy importante, así sea mentalmente.

¿Cómo se siente *usted* observando a este niño?

Por cierto, los directores de cine inician las películas de manera creativa, diferente, procurando capturar la atención de las personas en los primeros minutos, de eso depende mayormente el éxito o el fracaso de la película. De la misma manera, la forma como *usted* encuadre su oratoria, su discurso, su presentación, será un elemento de peso para fracasar o tener éxito en su presentación.

Tuve la oportunidad de pertenecer al equipo de baloncesto de la universidad y el nivel de los jugadores era muy alto, es decir, los que iniciaban el juego eran muy buenos, pero los que se quedaban en la banca como suplentes también eran buenos jugadores. Una vez un compañero me dijo que se sentía mal por ser suplente y que quería ser abridor. Entonces fue donde el entrenador con algo de molestia y le dijo: «Entrenador de verdad que yo quiero ser abridor, para ser importante para el equipo y ayudarlo de una mejor manera». Y el entrenador le respondió: «*Para mí no es importante quién empieza el juego, sino quién lo termina*».

Fue una lección tan importante que luego en las competencias siguientes al compañero le atraía más salir a jugar como suplente que como abridor.

Aquí se demuestra otro tipo de encuadre.

Ahora responda: ¿Que opina del surfista?

Lo más probable es que su opinión haya cambiado en cada una de las fotos.

El contexto cambia la opinión y cambiando el contexto se puede cambiar lo que piensa una persona, es decir, el punto de vista. Por esa razón, la forma como conocemos algo nos puede hacer cambiar de opinión. Esto es indispensable que lo sepa un líder orador porque le permite saber de qué forma quiere que las personas conozcan lo que va a decir, desde qué óptica desea que observen su discurso.

Con el encuadre *usted* podrá escalar y mantenerse en los niveles cerebral y emocional con toda comodidad, porque el encuadre es eso, pensamiento y emoción.

La publicidad, los comerciales de televisión, radio, internet, están basados en encuadres. De ahora en adelante observe con más detalle tal publicidad y podrá ver claramente lo que le estoy diciendo. Los comerciales son eso, juegos mentales, que buscan sorprendernos, justificar lo que dicen, darle importancia. A veces nos hacen reír o pensar y reflexionar profundamente sobre algo. También pueden mostrarnos diversos puntos de vista y tocar nuestros sentimientos. Eso es encuadre.

Una abuelita que está desaparecida, de pronto aparece haciendo un trabajo de fuerza enorme y es una publicidad de un producto de calcio para los huesos.

Un niño que ahorra mucho dinero para pagarle a su padre ocupado una hora de trabajo para que juegue con él, y al final es una publicidad de un banco que dice «ahorra para lo que más amas». Los publicistas tocan nuestra mente y nuestro corazón para mostrarnos sus productos.

Vamos a volver dos páginas atrás, donde está el niño del cual le pedí opinión, me gustaría que revisará esas opiniones que colocó o pensó.

¿Qué opina ahora? ¿Lo sigue viendo feliz?

_____

_____

¿Cómo se siente ahora observando a este niño?

_____

_____

El niño que se ve en la foto se llama Oscar Pistorius y a los 11 meses de edad tuvieron que amputarles las piernas por nacer sin los huesos peroné. A partir de ese momento empezó a utilizar prótesis, cuestión que en vez de menoscabar su vida, sirvió como un cohete motivador y se desarrolló como corredor. Actualmente representa a su país en competencias de atletismo. Ha batido varias marcas en juegos paralímpicos y para el momento que escribo es te libro hace historia al convertirse en el primer atleta «con discapacidad» que compite en unos juegos olímpicos, en Londres 2012.

Nota del autor: Pongo la frase «con discapacidad» entre comillas porque veo que cada año tratan de nombrar de manera diferente a cierto grupo de personas. Para mí, *la discapacidad no existe*. Siempre puedes lograr lo que sueñas de alguna u otra forma. He visto gente «con discapacidad» logrando mucho y gente «sin discapacidad» logrando poco.

De esta historia sólo puedo decir una cosa. *No hay límites.*

Después que conocí su vida, me dije, no existen excusas.

De ahora en adelante, lo que me proponga debo lograrlo y cuando me siento decaído, trato de leer su historia para motivarme.

Ahora quiero que vuelva a la pintura. Si realizó el ejercicio por escrito o de forma mental, debe haber dado una calificación objetiva.

Ahora quiero preguntarle: ¿Qué pasaría si le digo que la persona que elaboró esa pintura es Nicholas James Vujicic?, la persona de la foto.

¿Cuánto sería su calificación? _____

Lo más probable es que su calificación haya cambiado. Y también su estado emocional.

Nicholas James Vujicic nació sin sus extremidades. Tiene una extremidad en el muslo izquierdo. Allí tiene un pequeño pie con dos dedos. Al principio sus padres se sintieron desolados, pero Nick había nacido sano. Y tuvo que arreglárselas para salir adelante.

Se graduó en la especialidad de contabilidad y planificación financiera. Comenzó su carrera como orador motivacional, enfocándose en los temas que la juventud de hoy debe enfrentar.

Actualmente es director de *Life Without Limbs* (La vida sin extremidades), una organización para personas con «discapacidad» física. Su vida ha inspirado a millones.

Durante el desarrollo de este tema le he estado haciendo preguntas y cambiando el contexto para demostrar que el cambio de contexto, la forma como se presenta la información, hace que cambie el pensamiento.

De eso se trata el encuadre, de hacer experimentar emociones y pensamientos profundos acerca de lo que va a decir en su discurso, no mostrar la información por mostrarla.

Aquí hubiésemos podido llegar y contar la historia de Oscar Pistorius o de Nick Vujicic y ya, para que así sirviera de inspiración. Pero consideramos que mostrarla de esta manera sería un excelente encuadre de la información.

¿Qué cree *usted*?

¡Hey! ¡Hey! Se me olvidaba la pelea entre el cocodrilo y el oso. ¿Quién cree *usted* que gane si pelean en el agua?_____

Y, ¿qué pasaría si pelean en el bosque?_____

Existen diversos tipos de encuadres y como se dijo anteriormente, pueden ser infinitos. Aquí le vamos a mostrar algunos que pudieran ser un punto de partida, pero reitero que *usted* es quien puede variar los *encuadres*, crearlos, combinarlos, utilizarlos paralelamente o de manera coordinada, escalonada, como quiera, sólo tenga en cuenta que dependiendo como muestre la información, puede tener un resultado u otro. Como decía un poeta amigo mío, «el orden de los tractores, sí altera el conuco», o lo que es lo mismo decir: «el orden de los factores sí altera el producto». Así funciona el encuadre.

Tipos de encuadre:

• *Encuadre positivo:* funciona mencionando aspectos positivos del tema, es decir, lo que se puede ganar, la satisfacción, lo mejor, la parte buena, los beneficios.

• *Encuadre negativo:* en el encuadre negativo hay que incluir en el discurso lo que se puede evitar. Por ejemplo, las personas que no usan el *encuadre* pueden aburrir al público.

• *Encuadre científico:* ¿Quién no cree en la ciencia? En esta era de la Informática y de profundos estudios científicos, todo lo que esté avalado por la ciencia representa una base que permite sustentarlo. Por eso si su discurso tiene un sustento científico o ha tenido resultados en otros escenarios; entonces se puede generar confianza de lo que se dice.

• *Encuadre histórico:* se basa en describir quizás brevemente la evolución histórica del tema que vaya a presentar: algún hecho que haya ocurrido en el pasado sobre lo que va a decir, cae de maravilla en cualquier presentación y le ilumina el camino. Muchas personas admiran la historia porque lo que ocurre hoy está estrechamente relacionado con lo que ocurrió ayer y a la vez puede determinar lo que ocurrirá mañana.

• *Encuadre de la pregunta:* ¿Me permite hacerle una pregunta? Pablo Coelho tiene una frase célebre que dice: «A quién no se le ha detenido el corazón cuando le dijeron "Te puedo hacer una pregunta». Las preguntas son un tipo de *encuadre* bien importante, y sabiéndolas hacer pueden llevar a experimentar grandes reflexiones y profundas emociones que seguirán sonando en la mente de las personas aun después de culminado el discurso. No sé si ha notado que el inicio del tema *encuadre* se realizó haciéndole preguntas a *usted*, lo más probable es que hayamos despertado su curiosidad con cada pregunta.

• *Encuadre concepto, estructura y utilidad:* este es otro encuadre altamente interesante, que muestra cómo aprendemos. Según este modelo, podemos decir que las personas pueden aprender de tres maneras. A través de conceptos, la teoría, el qué es, de lo que se está hablando. También nos interesa saber la estructura de las cosas, cómo están organizadas, los esquemas, las partes, las características. Y por último la utilidad, el para qué sirve. Sin embargo, existen personas a las que les gusta modificar ese orden de aprendizaje y prefieren primero escuchar la estructura, luego el concepto y de último la utilidad. Pero también hay personas a las que primero les gusta ver la utilidad, luego el concepto y finalizar con la estructura.

Si a la hora de presentar su tema *usted* tiene varios tópicos, quizás le gustaría presentar un tópico iniciando por el qué es, para que las personas del público que se interesen por los conceptos puedan ser capturadas por su diálogo.

Un segundo tópico lo iniciaría mostrando las partes o características, y así llamará la atención de las personas movidas por la estructura.

Y por último, un tercer tópico del tema que le toque presentar lo mostraría, acaparando la mirada de los que distinguen primeramente la utilidad, hablando del para qué sirve.

Los tres modos de presentar la información son entonces:

• Hablar primero del concepto.

• Hablar primero de la estructura.

• Hablar primero de la utilidad.

Mi recomendación es que los varíe, iniciando cada tópico de manera diferente; puede ser primero por el concepto, otro tópico primero por la estructura y un tercer tópico primero por la utilidad. Si tiene más tópicos, puede variarlo como *usted* desee.

De esta manera, cuando esté ejecutando su discurso capturará la atención de todos.

No sé si desea echar un vistazo al estilo que utilizamos en este libro, si primero mostramos los conceptos, si describimos la estructura, o si primero le buscamos la utilidad.

Como se dijo anteriormente, los tipos de encuadre pueden inventarse de manera creativa.

Una vez *El Genio de la Oratoria* y yo estábamos en un evento sobre liderazgo. *Al Genio de la Oratoria* le tocaba ser ponente. Le faltaba poco para su intervención y conversábamos en voz baja en primera fila, donde aguardaban los invitados especiales y ponentes. De pronto me dijo: «Voy a inventar un nuevo encuadre. Te vas a dar cuenta cuando esté iniciando el discurso».

Cuando le tocó subir e iniciar el discurso empezó diciendo lo siguiente: «Por favor, levante la mano la persona que ha conocido a un líder positivo». Y más de la mitad de las personas en el recinto, no menos de 150, levantaron su mano con energía, entusiasmo y gran curiosidad por saber el motivo de aquella pícara pregunta.

Luego mencionó: «Ahora levante la mano la persona que ha conocido a un líder negativo». Y casi todas las personas levantaron la mano.

El Genio de la Oratoria dio su discurso y fue todo un éxito, lo aplaudieron eufóricamente por largo rato mientras bajaba del escenario. Cuando llegó al asiento que estaba a mi lado me preguntó con una ligera sonrisa: «¿Viste el nuevo encuadre que inventé?» Y le respondí: «No me di cuenta». Me dijo: «Se llama *encuadre participativo*. Al preguntar si alguien conocía a un líder positivo o negativo puse a las personas a levantar la mano, a participar inconscientemente de alguna forma y eso hizo que las personas se interesaran por el tema, creando cierta curiosidad».

Esa pequeña pero significativa forma de hacer participar al público levantando la mano, logró involucrar a las personas en el tema de manera efectiva.

• *Encuadre metafórico:* este encuadre va a tener un espacio especial para ser desarrollado en el siguiente punto. Con esto vemos la importancia de *encuadrar* la información en la oratoria. Este es un tema más de práctica, de estilo, de preferencias que de teoría, por eso quisimos expresarlo aplicándolo. Nuestra intención fue moverle en lo reflexivo y sentimental, esperamos que lo hayamos logrado.

Pero sobre todo esperamos que la información haya llegado con claridad y armonía. De todas formas le recomendamos releer el tema del encuadre.

Así entonces, le invitamos a que profundice en un tema que consideramos vital para la oratoria. El tema de la metáfora. *¡Prepárese!*

Comentarios del lector

«Cuando leemos y reflexionamos sobre la importancia de la arista *Encuadre* en el Triángulo de la Oratoria, podemos recordar situaciones personales pasadas en las que hemos desempeñado el rol de oradores y si la comunicación fue un éxito, de acuerdo a los aportes y opiniones del público, se debe a la sintonía y magnetismo alcanzados entre nuestra audiencia y nosotros mismos. De seguro, logramos conectarnos y tocar en ellos, la racionalidad, la emocionalidad y la espiritualidad, sin embargo, le otorgaremos mayor potencia a nuestro mensaje si creamos un contexto favorable para la recepción del mismo, como bien puede ser introduciendo previamente una narración histórica, una situación real o ficticia, imágenes o sonidos que generen curiosidad e incógnita en la audiencia, para finalmente develar y presentar a través del discurso, nuestro mensaje. Siempre hemos sido, somos y seguiremos siendo oradores en cualquier lugar del mundo en el que nos encontremos. *Líderes:* en adelante, a encuadrar nuestro discurso para que nuestras palabras sean como música para los oídos de quienes nos rodean».

Taizely Núñez Abreu Politólogo. Filántropo Especialista en Opinión Pública y Comunicación @taizelynunez

Punta C la metáfora (color negro)

Los dos viejitos

En mi pueblo natal, Ciudad Bolívar, vivían dos viejitos cerca de mi casa, uno vivía en la mitad de la cuadra, era el señor Ramón, y en la esquina vivía el señor Juan. El señor Ramón era una persona que cuando alguien le visitaba le gustaba contar cuentos, historias, parábolas, hablaba de muchos relatos, decía muchos refranes, chistes, a veces hacía comparaciones graciosas, contaba experiencias personales o de otras personas; en pocas palabras, deleitaba a grandes y chicos con su carisma. Esas historias dibujaban sonrisas, otras podían colocar lágrimas en las mejillas de quienes le oían, muchas veces tales historias nos hacían reflexionar profundamente.

Mientras que el señor Juan no conversaba mucho y hablaba poco con los que le visitaban. Es decir, no era tan carismático como el señor Ramón.

Un trágico día el señor Ramón murió y su casa se abarrotó de personas. Había personas adentro de la casa, afuera, en los alrededores; había personas adultas, de la tercera edad, jóvenes, niños. Había tantas personas que tuvieron que cerrar la calle para poder mantener el orden.

Las personas con mucha pasión recordaban las historias del señor Ramón, había personas que lo recordaban con mucha felicidad, otras con tristeza, a algunas les gustaban sus chistes, a otras cuando les hacía reflexionar.

Algunas personas repetían sus historias una y otra vez. Fue un funeral muy emotivo y hermoso.

Días después murió el señor Juan y el funeral estaba completamente vacío, sólo asistió una señora, un familiar y yo. Todo estaba completamente desierto y triste, un silencio total. Entonces, con algo de pena ajena por la desolación de aquel momento, me acerqué a la señora y le dije: «Como son las cosas, hace unos días fue el funeral del señor Ramón y estuvo totalmente abarrotado de personas.

Hoy muere el señor Juan y sólo estamos nosotros tres». Y la señora, con una voz muy suave y llena de sabiduría me contestó: «Bueno hijo, ya usted sabe, si no quiere morir solo, cuente historias».

La metáfora en la oratoria está conformada por todos los cuentos, historias, parábolas, relatos, refranes, chistes, experiencias, ejemplos, que se manifiestan a través de la palabra hablada o cualquier tipo de manifestación. Atrae la atención de las personas y es capaz de hacer reflexionar profundamente, a la vez que puede mover sentimientos. A las personas les agrada escuchar este tipo de discursos, que incluye metáforas. Y los cuentos pueden quedarse en las mentes de las personas pasado el tiempo. Por esa razón, si quiere agradar, cuente relatos y hable en lenguaje metafórico.

La metáfora es la herramienta más poderosa de la oratoria. Muchas personas subestiman el poder de las metáforas, pero lo que no saben es la influencia que tiene sobre nuestras mentes y corazones.

Hablando de metáfora como tema de la oratoria, no podía faltar que le mostrara el tema de la metáfora con otra metáfora.

Oiga bien, estoy seguro que jamás se le va a olvidar la importancia de la metáfora en la oratoria, gracias al cuento de *«Los dos Viejitos»*. Podrá pasar un largo tiempo para que *usted* olvide el claro mensaje del cuento: *«Si no quiere morir solo, cuente historias»*. Y lo más valioso de todo, quedará grabado en su mente inconsciente quizás por toda la vida.

No sé si se ha dado cuenta que durante la lectura del libro se ha utilizado mucho un lenguaje metafórico. Quizás por eso a *usted* le ha sido un poco más fácil comprender los contenidos de la oratoria.

Las metáforas pueden ser ciertas o no, fantasiosas o rea les, cortas o largas, simples o complejas, lo cierto es que no importa el tipo, igual el poder que tiene sobre los pensamientos, sobre las emociones humanas, es gigantesco.

Voy a dar varios ejemplos de metáforas largas y cortas para aclarar mejor qué es una metáfora.

Largas: cuentos, relatos, historias, parábolas, experiencias. (Como el cuento de «*Los dos Viejitos*») o («*El collar de Perlas*»).

Cortas: chistes, analogías, refranes, comparaciones, ejemplos cotidianos.

Ejemplo de metáforas cortas: en la actualidad las ideas se han convertido en comida, por eso los jóvenes utilizan expresiones como las siguientes: *¡Estoy tratando de digerir estos contenidos!* Como si procesar una información es masticar una comida. *¡Sus ideas son insípidas!* Es decir, que las ideas sin fundamento son comida sin sabor.

Ahora bien, la mente se ha convertido en un contenedor, por eso escuchamos expresiones como estas: «¡Esos contenidos no me entran en la cabeza!»

«¡Ya no me cabe nada más en la cabeza!»

Las personas consideran que las relaciones son una travesía, por ello no es difícil escuchar:

«¡Creo que ese noviazgo va a naufragar!»

«¡Su relación está en medio de una tempestad!»

«¡Llevo el timón bien firme en esta relación!»

Los seres humanos son animales:

«¡Juan es un perro!» (despiadado).

«¡Pedro es un águila!» (sagaz).

«¡María es una burra!» (no inteligente).

«¡Camilo es un zorro!» (astuto).

«¡Luisa en una serpiente!» (traicionera).

Y así como estos, existen muchísimos ejemplos más de metáforas cortas que usamos en nuestra cotidianidad de forma inconsciente y mecánica como chistes, refranes, entre otros.

Las metáforas son tan poderosas porque abren la imaginación y estimulan la creatividad de cada persona que las escucha, y más aún de quien las cuenta.

La metáfora tiene una serie de beneficios que me gustaría compartir con *usted*. Estos son los beneficios:

- *Simplifica el mensaje.*
- *Despersonaliza.*
- *Estimula la creatividad.*
- *Permite entrar en sintonía.*
- *Supera la resistencia.*
- *Abarca los tres idiomas de la comunicación.*
- *Resuelve diversos problemas.*
- *Genera emoción.*
- *Llega al espíritu.*

Comentarios del Lector

EXCELENTE puede resultar la categoría exacta para evaluar la habilidad del autor en el tratamiento del contenido y sus vivencias personales. La forma amena y de inmediata aplicación es la resultante que se deriva al leer este libro.

Es armónica la relación teórica y la aplicabilidad cotidiana que en esencia es lo que valoramos en este tipo de obra, cuyo objetivo es fortalecer una vida sana y en armonía con el universo circundante.

Ubaldo Núñez Cáceres Psicólogo Industrial
Ubaldoncasares@hotmail.com

Simplifica el mensaje: así como lo vimos en la analogía anterior que decía «ya no me cabe más nada en la cabeza», el mensaje llega con más eficiencia, porque nos aporta algo con qué comparar esa «cantidad de información» que está recibiendo la persona, cuando la comparamos con un recipiente lleno, hace que el mensaje se simplifique y es más fácil para transmitirlo. Por eso utilizar una metáfora como esta mejorará la comunicación, en este caso su mensaje dentro de la oratoria. En pocas palabras, algo que mu chas veces es exagera da mente complejo de explicar, puede resumirse con una metáfora y a la vez permitirá una mejor comprensión por par te de las personas que escuchan. De esta manera podemos decir que se facilita el mensaje.

La metáfora permite incorporar imágenes vivas que facilitan el proceso de memorización, por eso es que afirmo en párrafos anteriores que será difícil que olvide la importancia de la metáfora por la historia de *«Los dos Viejitos»*, en vista de que dicha metáfora incorpora todo un contenido imaginativo valioso. ¿La quiere volver a leer?

Despersonaliza: la metáfora tiene la particularidad de despersonalizar el mensaje. Así que al contar una historia, podemos enviar el mensaje de manera inconsciente y con otros personajes que no son precisamente a quien le estamos enviando dicho mensaje.

«Los científicos, los filósofos, así como los artistas, escritores y oradores, necesitan para sus pensamientos la ayuda de las ideas metafóricas». Harry Alder y Beryl Heather.

Recuerdo una vez que una persona me hizo una pregunta en público sobre una situación que le estaba ocurriendo y le respondí que una vez una situación similar, le había ocurrido a un amigo mío, y él en ese caso ejecutó ciertas acciones y de esta manera se solventó la situación. La persona quedó asintiendo, moviendo su cabeza de arriba a abajo por varios segundos. Obtuvo la respuesta y la solución sin incorporarla directamente, por parte de otra fuente, sin tener necesidad de decirle exactamente lo que iba a hacer, sino que la solución surgió a través de la experiencia de otro. A eso se le llama *despersonalización*.

La *despersonalización* tiene la ventaja de permitir ver soluciones a través de los ojos de otro, de una situación que no incorpora a la persona en cuestión y permite una comunicación menos directa, y por lo tanto evita los sufrimientos que se pudieran causar si la persona se ve involucrada directamente en la solución. Asimismo evita los mecanismos de autodefensa que las personas suelen sacar a flote cuando se les dice algo directamente. La metáfora le dice exactamente a la mente inconsciente: «aplícate el cuento».

Pero la ventaja principal de la despersonalización en la metáfora está en evitar problemas: ¿por qué ha de molestarse alguien de un cuento que habla de otro? Sin embargo, la metáfora estimulará una solución en quien escucha.

Estimula la creatividad: las metáforas colocan de manera directa y dinámica imágenes en nuestra mente, además de estar las metáforas claramente asociadas con la utilización de nuestro hemisferio derecho, por lo tanto es pólvora que enciende la creatividad de nuestro cerebro.

Muchas veces la metáfora sólo siembra la semilla para que posteriormente crezca la idea, otras veces terminan de hacer germinar una idea que estaba oculta, y por último pueden hacer que florezca alguna idea latente. Las metáforas han dado pie a teorías y a ideas excepcionales que de otra forma no hubiesen podido darse. Tal es el caso, entre muchos, de Albert Einstein, quien utilizó la metáfora del rayo del sol cuando creó su teoría de la relatividad.

En este caso Einstein participó como un niñito en el relato imaginándose que viajaba en tal rayo de luz.

Los niños tienden a ser más creativos que los adultos, quizás por eso cuando le cuento una historia a mi hijo de tres años lo hace soñar más rápidamente que si se la contara a un adulto. Sin embargo, los adultos no son más que niños crecidos y una historia bien contada puede hacer que se despierten los más dormidos pensamientos creativos de cualquier persona.

Permite entrar en sintonía: ya hemos hablado de que si *usted* quiere tener al público de su lado cuando esté en una presentación, sea cual sea el tema, entonces es una gran ventaja para *usted* sepa la magia que posee la metáfora para entrar en sintonía. Las metáforas tienden a decir mucho de nosotros mismos y el empleo de metáforas puede hacer entrar en sintonía de manera inmediata. Recuerdo que una vez estaba dando una charla sobre psicología aplicada al deporte, y como había un poco de apatía en las personas del público, empecé a utilizar metáforas deportivas y la cosa cambió. Recuerdo que dije: «A ver, ¿quién la puede «sacarla de *home run* con alguna opinión?». También dije: «¿Quién quiere meter un golazo interviniendo con algún comentario?», y así sucesivamente me motivé a utilizar lenguaje metafórico referido al deporte ya que la audiencia tenía que ver con deporte, e inmediatamente se vio el despertar de las personas.

Por esa razón recomiendo considerablemente la metáfora como mecanismo para entrar en sintonía con el público.

Este es apenas un ejemplo, sin embargo existen múltiples formas de entrar en sintonía a través de la metáfora.

Supera la resistencia: con toda seguridad hemos visto cómo algunas personas se resisten al cambio cuando hay alguna información nueva, o cuando alguien está diciendo algo con un punto de vista diferente. Por esa razón la técnica a utilizar en estos casos es la metáfora, en vista de que es casi imposible oponerse a una metáfora. La metáfora no discute ni trata de oponerse a nadie, sólo se cuenta y ya. Cada quien saca sus propias conclusiones, por eso no produce oposición ni objeciones de parte de quien la escucha. Sin embargo se queda en la mente hasta conseguir el resultado, que muchas veces no es exactamente en el preciso momento, sino que quizás en ocasiones llega un poco más tarde.

Abarca los tres idiomas de la comunicación: cuando *usted* cuenta una metáfora como la de *«Los dos Viejitos»* está poniendo palabras en las mentes de las personas que incluyen el idioma visual, kinestésico y auditivo, por que incluye imágenes, sonidos y sensaciones. Quizás por esta razón es tan fácil entrar en sintonía con la audiencia al contar metáforas, porque involucra los tres sistemas de re presentación y de esta manera capturará la atención de todos.

Si *usted* cuando cuenta una metáfora dice, «… y se escuchaba el sonidos del viento moviendo los árboles, lo que causaba una sensación de miedo en el estómago…», allí está incorporando los tres idiomas, lo que facilitará entrar en sintonía. Y la forma de realizarlo es contando metáforas; quizás por eso el señor Ramón no murió solo, por el contrario, muchas personas lo amaban y lo acompañaron en su velorio.

Resuelve diversos problemas: hace unos años estaba terminando junto a mi esposa la carrera como educador y se avecinaba el acto protocolar de grado. Sin embargo mi situación económica en aquel entonces no era la mejor, estaba desempleado y no contaba con dinero suficiente para pagar los trajes de gala que generalmente se utilizan en este tipo de evento, además del alquiler de la toga, el birrete, entre otros gastos propios del momento.

Me sentía enormemente preocupado y de mal genio, mi actitud no era la mejor y mi lenguaje corporal en esos días hablaba por sí solo. Mi suegro se me acercó una tarde y me dijo: «¿Te pasa algo? Tengo días observándote y creo que tienes una gigantesca preocupación, tu actitud no me gusta». Le contesté: «Es que se acerca el día del acto de graduación y no cuento con el dinero para comprar los insumos que necesitamos para el acto. De verdad que esperé bastante tiempo para este día y así celebrarlo con familiares y amigos, pero no cuento con el dinero». Mi suegro me tomó por el hombro y me dijo suavemente estas palabras, que se convirtieron en un susurro para mis oídos: *«Tranquilo, que el velorio de Cristo todavía no ha ocurrido».*

Esas palabras resonaron en mi mente removiendo bruscamente mi corazón, que se encontraba en aquellos momentos afligido.

Entonces repetí mentalmente: *«el velorio de Cristo todavía no ha ocurrido».* Y de manera colosal llegó una sensación de tranquilidad. Como un chispazo, se presentó ante mis ojos una solución al problema, algo que calmó mis pesares de manera práctica, haciendo que volviera una sonrisa a mis labios y un alivio para mi corazón.

Y repetí una vez más: *«El velorio de Cristo todavía no ha ocurrido»*.

El problema estaba resuelto. No el de conseguir el dinero para pagar los gastos del momento, pero sí los que tenía en mi cabeza y mi espíritu. Por cierto, no entendí nunca lo que me quiso decir mi suegro con esa metáfora, creo que él tampoco sabía a ciencia cierta lo que me quería transmitir con aquel refrán, pero dio resultado. Hoy por hoy, después de haber estudiado profundamente el poder de las metáforas, me doy cuenta que aquella simple metáfora resolvió un gran problema que sólo estaba en mi mente y corazón y de manera inmediata cambió mi actitud ante la situación.

Genera emoción: así como en las películas las personas se sienten emocionadas por saber lo que va a pasar en la siguiente escena, qué pasará con el protagonista que está a punto de morir o cómo quedará el caso de las personas que están enamoradas, de la misma forma las metáforas tienden a generar profundas emociones que nos llenan de curiosidad por saber cómo será el desenlace.

Una metáfora contada con pasión puede desencadenar lágrimas que no podrían lograrse de ninguna otra forma.

La emoción significa motivación, esencial para poder comprar, cambiar, seguir una idea, a un líder.

Llega al espíritu: por último, y quizás más importante, las metáforas cuando son bien contadas, llegan al espíritu. Concretamente el mensaje trasciende el momento, el espacio. Queda grabado más que en la memoria, en algo más profundo: queda tallado en el alma. Mueve algo más que lo palpable por el ser humano.

La metáfora es el principal camino para llegar al espíritu de las personas que escuchan la oratoria de un líder. Sabiéndola utilizar, es el mecanismo más importante para atravesar lo visible, lo obvio y convertirse en un mensaje diferente, en un aplauso, en una lágrima, en una sonrisa, en un gesto de felicidad.

Advertencia sobre las metáforas: cuando cuente historias o utilice una metáfora como herramienta en la oratoria, debe tener sumo cuidado de la forma de utilización y del mensaje que desee transmitir. Así como la metáfora tiene poder, ese poder puede utilizarse para bien o para mal. Por esta razón su mensaje debe estar claro y apoyarse en la sinceridad y confianza. Para contar una metáfora de forma adecuada se necesita práctica y experiencia que sólo se pueden adquirir ejecutando, tomando acción, es decir, contando historias.

La habilidad de contar una metáfora radica en que ésta no puede ser demasiado evidente y realista ni demasiado difícil de asociar a la idea que se quiere comunicar.

Siempre debe existir un mensaje sutil y equilibrado de manera artesanal. Procure evitar hablar demasiado y colocar excesivos adornos a la metáfora. Sencillez no implica simplicidad, por el contrario, lo sencillo es hermoso y en esto de la oratoria, lo sencillo es práctico.

Recuerde también el contexto: una metáfora contada de una forma puede dar resultado en un sitio, pero un resultado diferente en otro sitio o momento.

Voy a responder a una pregunta que siempre me hacen en los seminarios, cursos y talleres. Siempre se pueden contar metáforas, se esté hablando de cualquier tema, se esté defendiendo una tesis o ejecutando una venta (la verdad no veo diferencia, y que me perdonen los académicos: si el tesista no sabe vender su tesis, no aprobará), disponga de mucho o poco tiempo para hablar, siempre se puede, lo que hay que ejecutar son los ajustes de los que hemos venido hablando y tomar en cuenta las advertencias que se le hacen a la hora de contar una metáfora, además de las advertencias que nos facilita el sentido común.

Inicie por contar metáforas a sus familiares y amigos más allegados, observe sus reacciones, pregunte qué les pareció, cuáles fueron sus impresiones. Practique más lo que da resultado y deje de lado lo que no. Fije un objetivo y empiece a construir su metáfora alrededor de dicho objetivo.

Puede pensar en una frase final y a raíz de ésta se le facilitará crear su metáfora. Las metáforas son infinitas, al igual que los encuadres, y es la creatividad de cada orador la que está en juego.

LA BALANZA DEL DISCURSO

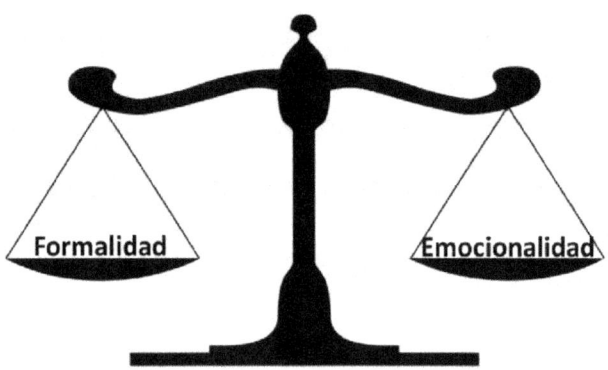

Quiero destacar que para ser un verdadero líder orador hay que prepararse, saber del tema. Para ello es indispensable investigar acerca del mismo y tener en el bolsillo, listas para desenfundar todas estas técnicas de las que le hemos hablado en los temas anteriores.

Ahora bien, hay algo tan importante como la investigación y preparación del tema, y como la utilización de las técnicas y los procedimientos. Se trata de escoger hacia qué punto debe balancearse su discurso.

Imagínese que *usted* va en un bote kayak en aguas abiertas participando en una competencia y va remando de la mejor manera posible, con mucha velocidad, gran técnica y excelente fuerza. Todo perfecto, pero va en la dirección inadecuada. Para nada serviría toda la técnica, toda la fuerza y toda la velocidad si no va en la dirección adecuada.

Lo mismo ocurre con su oratoria. ¿Hacia qué punto quiere dirigirse con su discurso?

Para ello es necesario que utilice la *Balanza del Discurso* y así tener una orientación segura hacia dónde va a dirigir su presentación.

Hay varios ambientes, temas o tipos de oratoria y es necesario que *usted* los conozca para que pueda saber la dirección que debe tomar su discurso, es decir, hacia dónde se debe balancear lo que va a decir. Por esto le recomiendo que lea *La Balanza del Discurso*.

Aquí le mostramos gráficamente y con todo su contenido lo referente a ella.

La Balanza del Discurso hace alusión a un modelo interesante sobre hacia dónde debe estar balanceado nuestro discurso.

Dependiendo del tipo de discurso, *usted* tendrá entonces que escoger en qué lado deberá poner más peso a la hora de hablar.

Los lados son los siguientes:

Formalidad Emocionalidad.

Formalidad: la formalidad hace referencia a los discursos académicos, formales, científicos, de investigación, para dar noticias que ameriten seriedad, asuntos legales, defensa de tesis o trabajos de grado, entre otros.

Emocionalidad: hace referencia a la emoción; también este tipo de discurso se relaciona con las ventas, política, espiritualidad, deporte, religión, milicia, entre otros.

Usted puede utilizar todas las técnicas del *Triángulode la Oratoria,* pero siempre orientándose hacia la *formalidad* o hacia la *emocionalidad*, es un equilibrio que va a variar dependiendo de diversos aspectos. Por ejemplo, el estilo del orador, los objetivos del discurso, la audiencia, el momento, el tema, el escenario, la personalidad del orador, los recursos con los que cuenta y quizás otros factores que no menciono pero que la ocasión marcará.

Quiero dejar claro que los extremos no son una opción a la hora de preparar el discurso. Desde mi punto de vista, la gran mayoría de los discursos (por no decir todos y utilizar una generalización) pueden incorporar aspectos que describan *emocionalidad* y/o *formalidad*.

Sin embargo, tomando en cuenta los factores que se describen anteriormente, los discursos deben *balancearse* hacia un lado o hacia el otro. Pero quiero dejar claro que balancearse no significa eliminar el lado débil de la balanza. Siempre se puede incorporar algún aspecto del lado débil. Del lado que va a tener menos peso en su planificación del discurso. Por esa razón es que hago énfasis en que los discursos en general deben incorporar elementos de ambos lados de la balanza, a pesar de que terminen inclinándose hacia un lado o hacia otro.

CONCIENCIA DE LÍDER ORADOR

El miedo es libre. El miedo es un mecanismo de auto defensa que tienen los seres vivos. El miedo es importante y necesario, si no observe a un venado que tiene cerca a un tigre. Gracias al miedo puede huir, si no se convierte en comida. Mi abuelo siempre me decía: *«El miedo es difícil de evadir, pero las cosas se pueden hacer con o sin miedo, lo importante es hacerlas, eso es valentía».* Hacer lo que se tenga que hacer, con o sin miedo.

Conversando con *El Genio de la Oratoria*, me decía que conocía ampliamente lo que representa hablar en público, desde el punto de vista del miedo, tanto por las investigaciones que se han hecho sobre el tema como por la experiencia que tiene.

Y estoy completamente de acuerdo con él: a casi todas las personas les da cierto susto cuando les toca hablar en público. A algunas más que a otras.

Imagine que le toca hablar en público en este preciso momento, que hay 500 personas a su alrededor y que el micrófono está enfrente de *usted* esperando para que diga sus palabras. Seguramente si lo imaginó, sus palpitaciones aumentaron. Eso no significa nada malo. El problema radica cuando el miedo se transforma en pánico.

Es indispensable conocer la diferencia entre miedo y pánico. El miedo te permite agudizar tus sentidos al máximo, reaccionar rápidamente y con eficacia, como el caso del venado cuando escapa del tigre. Sin embargo el pánico te deja petrificado, sin poder reaccionar.

En la universidad jugué baloncesto. Muchas veces estuve en la banca y vi cómo algunos jugadores realizaban malas jugadas haciendo que se perdiera el juego. En momentos difíciles no daban lo mejor de sí, porque el pánico se apoderaba de ellos. Por otro lado, había jugadores que siempre hacían lo esencial para ganar. Y cuando se le preguntaba a los compañeros que hacían las buenas jugadas en los momentos oportunos si habían sentido miedo, decían que sí, pero que lo habían enfrentado, por eso pudieron resolver las situaciones.

Muchas veces me tocó a mí «botar el juego» y otras realizar la jugada ganadora, y la diferencia radicaba en controlar el miedo, no en extinguirlo.

Pero lo más importante de todo esto es que al principio, en momentos de presión, no sabíamos qué hacer. Pasamos por momentos difíciles que no sabíamos manejar como equipo. Hasta que recibimos toda la sabiduría del Psicólogo Deportivo Ricardo López, quien nos enseñó muchas técnicas para programarnos y dar lo mejor de nosotros como equipo de baloncesto en momentos de verdadera presión.

Después de recibir aquella enseñanza pasamos por momentos de estrés y tuvimos la capacidad de tener la «sangre fría» para resolver las situaciones y jugadas más difíciles. De esta forma pudimos titularnos y lograr varios campeonatos. Hoy en día muchos de mis excompañeros de equipo de la universidad juegan en la liga profesional, y todo esto gracias a las técnicas de autocontrol que nos enseñó aquel psicólogo deportivo.

A todas esas técnicas les hicimos unas adaptaciones y ajustes y las queremos compartir contigo para que las utilices cuando tu cuerpo, tu mente y tu corazón pretendan entrar en pánico a la hora de hablar en público.

Vamos a repasar varios aspectos a los que llamo *Conciencia de Líder Orador* que le van a permitir autocontrolarse y autoprogramarse para tener éxito, tanto en sus presentaciones en público como en cualquier actividad que se proponga.

Existen tres aspectos que pueden ser nuestros mejores amigos o nuestros peores enemigos. El cuerpo, la mente y el corazón. Literalmente, *usted* puede preparar el cuerpo, la mente y el corazón para tener éxito o fracasar.

No se trata del miedo. Como dije anteriormente, el miedo es necesario en muchos casos, pero en proporciones adecuadas. Se trata de lo que debe hacer *usted* para programarse. Olvídese del miedo, esa es una condición humana necesaria para la supervivencia. Vamos a concentrarnos en otros aspectos.

Una vez escuché al *Genio de la Oratoria* diciendo: "Cada vez que me presento en público, siento miedo. Y qué bien que puedo sentirlo, porque el día que no sienta miedo creo que se acabó la magia. Siento miedo porque es algo importante para mí. Conversar en público es una bonita oportunidad que me da la vida para expresarme, para que otros puedan observar y quizás aprender algo".

Pero quien más aprende es quien habla. Por esa razón siempre busco una excusa para expresarme en público, a pesar del miedo que representa para mí». «Se organizan cursos, charlas, cualquier situación es buena para hablar en público. Porque el aprendizaje para mí está garantizado. El miedo es un motivador que hace que me prepare mucho mejor y me pone atento para que mantenga mis sentidos bien alertas. El miedo hace que indague e investigue sobre el tema, que repase y repiense lo que voy a decir y no me confíe. Muchas veces el exceso de confianza es lo que perjudica».

Seguía diciendo *El Genio de la Oratoria:* «La mayoría de los accidentes que sufren las personas que escalan el Everest (una de las montañas más altas del mundo y con precarias condiciones climáticas) suceden cuando vienen bajando. Después que han conquistado la cima.

Y cuando les preguntas a los alpinistas por qué ocurren los accidentes bajando y no subiendo, la respuesta es que la mayoría de las personas, por la euforia de haber llegado arriba, le pierden el respeto bajando, se confían, se les olvida que queda un camino de igual cuidado por recorrer. Por ese exceso de confianza es que ocurren los accidentes. Por eso se hace necesario tener algo de miedo, para seguir alerta y pendiente, con los ojos bien abiertos y los sentidos bien alerta.

En un terremoto muchas personas pierden la calma. Otras no. Las que pierden la calma experimentan con otro tipo de pánico. Las que no pierden la calma y ejecutan un desalojo siguiendo las normas, mayormente son las que se salvan. Pero todas las personas en un terremoto sienten miedo, la diferencia de salvarse o no está en cómo ejecuten, con pánico, perdiendo la calma, quedándose petrificados; o con miedo, pero ejecutando con calma.

Vamos a empezar a ver uno por uno los elementos de la estrella que conforman *La Conciencia de Líder Orador.*

Comentarios del lector

La justificación del miedo es para advertirnos, para estar alerta, no para temer. La diferencia entre un temerario y un valiente es que en el último; el miedo siempre estará presente mientras que al temerario la ausencia de miedo lo transporta a un ambiente más vulnerable en términos de respuesta a las situaciones. La presencia del Miedo en algunas culturas sirve de simbolismo a la mente inamovible, que a pesar de sentir miedo la mente permanece intacta y nos puede ayudar a salir de situaciones inesperadas con la capacidad de análisis y decisión que no se tiene cuando se está en pánico, los japoneses le llaman FUDOSHIN (Corazón o Mente Inamovible).

Ingeniero Manuel Pedroza @manuelpedroza

Respiración: Controlar la respiración es el primer paso firme para poder dominar el miedo.

Muchas personas no saben controlar su respiración. Aun sabiendo la importancia que representa la respiración para los seres humanos. En el día respiramos unas 20.000 veces, pero si ejecutamos mal la respiración, difícilmente podremos tener éxito en cualquier actividad que nos pro pongamos, en vista que nuestro organismo y nuestro cerebro no van a funcionar óptimamente, ya que el combustible del cerebro y del cuerpo es el oxígeno, y al no saber respirar, le estaríamos negando tal combustible.

Concentrarse en la respiración le permite centrarse en el aquí y ahora, pensando sólo en el presente, para preparar el fututo.

Respirar profundamente y con ritmo permite también que nuestras pulsaciones bajen y que nuestro cuerpo se relaje más fácilmente. De esta manera evitará entrar en pánico, además permite que se active la memoria más fácilmente para así recordar todo lo que tenía pre parado decir.

Siempre que falta poco tiempo para la presentación se aceleran las pulsaciones del corazón y el ritmo respiratorio, y respirar profundamente es la herramienta de inicio para controlar el miedo.

Existe una técnica para respirar llamada el 4x4x4-abdominal, llamada así porque *usted* toma el aire por la nariz lo lleva hasta el abdomen y lo bota por la boca. Y al inspirar cuenta hasta 4, luego aguanta la respiración por 4 segundos y al botar el aire cuenta hasta 4.

Haga la prueba con el ejercicio de abajo.

Siéntese de manera confortable, sin cruzar brazos ni piernas. Inspire lentamente contando mentalmente 1, 2, 3, 4. Retenga el aire en el abdomen contando mentalmente 1, 2, 3, 4. Expire contando mentalmente 1, 2, 3, 4. Repita este ciclo cuatro veces.

Después de haberse tomado una pausa para hacer este ejercicio, observe los resultados, experimente cómo se siente. Este ejercicio es ideal para cuando necesite memorizar cualquier discurso, pero sobre todo minutos antes del discurso para controlar el miedo. Le traerá grandes beneficios. Repítalo las veces que sea necesario hasta que lo domine. Incluso, al principio es ideal realizarlo varias veces.

Relajación: Nuestro cerebro experimenta con ondas cerebrales, que no son más que la actividad eléctrica producida por el cerebro. Se miden con el electroencefalógrafo. Gracias a la ciencia hoy sabemos que existen varios tipos de ondas cerebrales. Cuatro de ellas son: alfa, beta, theta y delta. Cada una de ellas se manifiesta dependiendo del estado mental y corporal en que nos en contremos.

Onda Alfa

Relajación, tranquilidad, creatividad, inicio de actividad plena del hemisferio izquierdo y desconexión del hemisferio derecho.

Onda Beta

Estado de alerta máxima, vigilante, miedo; es la situación normal cuando estamos despiertos, conduciendo o trabajando, en donde estamos en estado de alerta, ansiedad.

Onda Theta

Estado de vigilia, equilibrio entre los hemisferios izquierdo y derecho, plenitud, armonía.

Onda Delta

Estado hipnótico, hemisferio cerebral derecho en plena actividad, sueño profundo, meditación.

Otro aspecto a tomar en cuenta para estar relajados es el movimiento ocular rápido que ocurre durante sueños cortos o ensoñaciones, lo cual permite que tengamos la mente descansada y fuera de estrés.

El movimiento ocular podemos ejecutarlo de manera inconsciente o con ayuda externa, mientras estamos relajados para ayudar a que experimentemos visualizaciones y diálogos internos de autoafirmaciones positivas.

Estar relajado le permite tener la mente serena para dar mejor respuesta a las exigencias de la oratoria. Con la mente serena podemos darnos cuenta de los detalles, de los pequeños gestos del público que nos va a dar un *feed back* de cómo vamos en el discurso, si tenemos que cambiarlo o mantenerlo, recortarlo o ampliarlo, además de recordar todo lo que tiene planeado para decir. Pero con el agua revuelta es difícil ver el fondo, por eso se hace necesario estar en estado de relajación antes de iniciar un discurso.

No digo con esto que durante el discurso *usted* no pueda excitarse, emocionarse; me parece que dependiendo del tipo de discurso pudiera ser necesario hacer lo, para transmitir tal emoción, sólo que hay que hacerlo de manera controlada y saber cuándo regresar al estado de tranquilidad.

Mantener la relajación antes del discurso permite que se pueda controlar el miedo y aleja el pánico, dándole a *usted* la seguridad que necesita para dar lo mejor de sí en cada presentación.

Practique ahora. Haga este ejercicio inmediatamente terminado el ejercicio de respiración 4x4x4 abdominal (si desea puede repetir el primer ejercicio de la conciencia del líder orador y seguir con este).

Puede cerrar los ojos y dirigir la mirada con los ojos cerrados a las diferentes partes del cuerpo. Iniciando por el pie izquierdo, luego el pie derecho, tobillo izquierdo, tobillo derecho, rodilla izquierda y rodilla derecha y así sucesivamente hasta llegar a la cabeza. Con esto ejecutará el movimiento de los ojos y permitirá acercar su cerebro a experimentar con ondas alfa y delta, especiales para relajarse y descansar.

Diálogo interno: pasamos una cantidad de tiempo muy grande conversando con nosotros mismos, gracias a una vocecita interna que tenemos en la cabeza. *Usted* se preguntará ¿cuál vocecita? La misma que le per mite leer sin abrir la boca y sin mencionar una palabra. Esa vocecita es la que se comunica con *usted* constantemente y esa conversación que tiene *usted* consigo mismo es a la que denominamos *Diálogo interno*.

Las investigaciones recientes indican que la mayoría de las personas pasan una gran parte del tiempo conversando con la vocecita de manera negativa. «Seguro me va a ir mal», «no estoy preparado para esto», «¿y si no me sale bien?», «seguro se van a burlar de mí», «no sirvo para esto». Todo este diálogo interno negativo hace que nuestra mente se programe para el fracaso.

Utilizar un *diálogo interno* positivo puede ser de gran ayuda para calmar el miedo, pero sobre todo para programarte para el éxito.

Lo que debe hacer es concientizarse de esto e iniciar por cambiar ese diálogo negativo por un diálogo positivo.

Ahora que lo sabe o lo está reforzando, *usted* puede ponerlo en su mente consciente y utilizarlo como una herramienta que le brindará resultados satisfactorios.

Puede hacerlo luego de los dos ejercicios anteriores, repitiendo en voz baja o mentalmente varias afirmaciones positivas sobre su oratoria. Luego puede ejecutar este ejercicio antes de una presentación y notará un gran cambio de actitud.

Repita en voz baja o mentalmente tres veces cada afirmación:

• Yo_____ merezco tener el mejor de los éxitos en mis presentaciones en público.

• Mi sola presencia es suficiente para producir buenos resultados.

• Mis gestos y mis palabras agradan a los demás.

• Yo_____ tengo total seguridad de lo que voy a decir.

- Acepto los errores sin complejos y puedo aprender de ellos.
- Yo _____ amo hablar en público.
- Yo _____ puedo recordar con facilidad todo lo que tengo planeado decir.
- Yo _____ puedo aprender rápidamente a sacar provecho de las técnicas de *La Oratoria de los Líderes*.

Escriba o piense en otras más:

_____
_____
_____
_____
_____

_____

Si *usted* no ha realizado los últimos tres ejercicios, le pido que los haga juntos en este momento. Y al finalizar su ejecución, quiero que responda mentalmente o por escrito esta pregunta: ¿Cómo se siente?

_____
_____

_____

Comentarios del lector

El miedo es necesario, sin el miedo nuestra mente y cuerpo están en un estado de extrema confianza y seguridad, pensamos que nada nos puede pasar. No es malo NO sentir miedo en algunas oportunidades ya que esto nos hace sentir bien, sin embargo el miedo es el motor que nos impulsa a prepararnos e investigar para llevar a cabo cualquier actividad en nuestra vida y ¿por qué? Porque nos da miedo fracasar. El mismo miedo al fracaso nos tiene alerta a todos los elementos del ambiente que nos rodea, proporcionando diversas estrategias para actuar como síntoma de sobrevivencia.

Mirisbel Ramírez Prof. Educación Preescolar @mirisr

Visualización: Todas las personas son expertas visualizando. Unas más que otras, pero en realidad todos podemos imaginarnos cosas, tener imágenes visuales en la mente, a menos que tengamos un problema neuronal.

Pero en general la visualización es algo natural en nosotros los seres humanos.

Incluso se ha demostrado que las personas ciegas pueden hacerse imágenes mentales. El problema está en que muchas personas visualizan lo que no es conveniente para ellas.

Así como ocurre con el diálogo interno negativo, muchas personas tienen imágenes negativas de lo que les puede suceder. La intención principal de dar a conocer el concepto de visualización en *La Conciencia de Líder.*

Orador es que *usted* empiece a visualizar imágenes positivas de éxito, mucho antes de llegar a su presentación.

Por ejemplo puede imaginarse a *usted* mismo conversando y al público sonriendo agradándose de su presentación, hablando de manera fluida. También puede imaginar al público aplaudiendo. Y así muchas visualizaciones positivas.

Si *usted* puede juntar el diálogo interno positivo con visualizaciones positivas, podrá controlar su miedo, mejorar su actitud ante la presentación en público y aumentar enormemente su posibilidad de éxito en cualquier discurso que ejecute en cualquier ámbito.

Hay un material interesante que se llama *Conciencia de Líder Orador,* que es una relajación guía da que mezcla intencionalmente y de manera minuciosa todos estos elementos que se muestran en la estrella de la *Conciencia de Líder Orador.* Ese material fue crea do con la intención de que *usted* lo escuche varias veces y aumentar su confianza y su potencial para hablar en público.

Anclaje: hay un video que siempre muestro en los cursos y talleres sobre «Er Conde del Guácharo» (uno de los mejores humoristas de Venezuela) donde pasan los tras cámaras de su show.

Todo lo que son los preparativos, e incluso la forma cómo se prepara él desde el punto de vista mental. Y se puede observar cómo el humorista, que tiene años hablando en público, se pone nervioso cuan do está a punto de salir a escena.

Pero lo más importante es lo que hace. Tiene todo un ritual donde realiza múltiples saltitos, ejecuta la señal de la cruz varias veces y se da fuerzas haciendo gestos como un gorila. A todo este ritual se le llama *Anclaje.*

El *Anclaje* es un procedimiento utilizado por los atletas, actores, políticos, en fin, cualquier profesional o persona que va a ejecutar alguna tarea donde requiere de todo su potencial en un momento específico. *El Anclaje* puede ser un gesto, una palabra, un grito, un amuleto que nos trae el recuerdo o nos permite visualizar de mejor forma situaciones de éxito que nos prepara mentalmente para dar lo mejor de nosotros en el momento adecuado.

Conseguir el *Anclaje* no es fácil, a veces pueden pasar días, pero luego de conseguirlo podrá llenarse de los beneficios que nos trae estar preparados mentalmente para afrontar cualquier situación, y en este caso la Oratoria.

El Anclaje es inspiración. La persona que es capaz de utilizar el anclaje mental recibe una fuerza, una energía especial para tener éxito total.

No sé si *usted* ha experimentado con una sensación de triunfo que se manifiesta aun antes de tenerla. Bueno, déjeme decirle que eso es lo que se manifiesta en la persona que puede utilizar el Anclaje. Es un tema más de actuar que de describir con palabras.

Le invito a que practique el *Anclaje*. No necesita comprender exactamente cómo funciona. Lo que sí necesita es aplicarlo. Hay personas que saben mucho de un tema pero no lo aplican, pero el verdadero éxito se manifiesta en la acción, y hoy en día vale más HACER que SABER y que TENER, pero sobre todo vale más SER, que HACER, que SABER y que TENER. Crea que puede SER un gran orador y eso lo llevará a HACER lo que hacen los grandes Oradores, así conseguirá TENER las calidades de un gran Líder Orador y podrá entonces discutir de SABEREs sobre Oratoria.

«**Los verdaderos guerreros ganan la batalla mucho antes de asistir a ella**». **Lao Tsé.**

Quiero decirle con toda honestidad que cada quien es responsable de instalar su *Anclaje*. Búsquelo, repito, puede ser un gesto, una palabra de aliento, su música favorita, una frase célebre, alguna lectura, un amuleto, algo que pueda inspirarle a dar lo mejor de sí.

LA ESENCIA DE LOS LÍDERES

Nos estamos acercando al final de este viaje que ha emprendido, me siento muy feliz porque ha llegado hasta aquí. Y quiero decirle con todo el corazón que la diferencia la marcan los grandes y ya *usted* es un grande, un líder orador o una líder oradora, y que la diferencia entre tener éxito o no se encuentra en dar lo mejor de sí. Hablar en público es una linda oportunidad de expresarse y podemos hacer que otro avance, que surja y que emprenda, motivarlo o convencerlo encendiendo la chispa para que ese gigante que estaba dormido se despierte. De eso se trata el liderazgo, de hacer ver a los demás lo capaces que son; de eso se trata la oratoria, de tocar en lo profundo con su mensaje, de transmitir con pasión, amor, entusiasmo y valentía.

Las técnicas, actitudes y procedimientos de *La Oratoria de los Líderes* lo que pretenden es que su mensaje no se pierda en el tiempo. Que perdure y trascienda. Pasar de «oye, no recuerdo bien qué fue lo que dijo la persona» a «tremendo mensaje el que dio aquel líder».

¿Quién no se ha sentido movido por unas palabras bien expresadas, con un discurso apasionado? Existe una gran responsabilidad de parte del líder orador. Cuando *usted* se para frente a un público tiene en sus manos un gran poder. Y debe tener cuidado al utilizarlo, puede hacerlo para mal o para bien, es su decisión. Lo cierto es que el poder está presente en cada palabra que mencione.

Y el poder está en saber utilizar las técnicas. El único requisito para utilizar estas técnicas de manera adecuada es mantener su esencia. *Usted* va a mejorar como orador cada vez que repase, repiense, relea, discuta, converse y enseñe sobre las ideas de *La Oratoria de los Líderes*, pero desde mi punto de vista lo más importante es mantener su esencia.

A medida que avance se convertirá en todo un líder orador o una líder oradora y va a experimentar cambios interesantes en su forma de expresarse; sin embargo, también cometerá errores, por esa razón debe comprender que no es perfecto o perfecta y que de los errores hay que aprender. También debe aprender a respetar su estilo, que es único e irrepetible. Modelar es importante, tomar lo bueno se llama *benchmarking* y los chinos lo aplican en una técnica denominada, imitar, igualar y mejorar, que no es lo mismo que plagiar, mucho cuidado de no confundir los términos.

Particularmente creo que lo bueno hay que replicarlo. *Usted,* sabiendo cómo funciona *La Oratoria de los Líderes*, observará y evaluará de ahora en adelante cada discurso de manera inconsciente, copiará lo bueno y desechará lo malo. Quiero decirle con toda confianza, copie lo bueno. Lo bueno se copia, nadie es dueño de la excelencia.

Y estoy seguro que cuando copie lo bueno, le hará los ajustes necesarios para adaptar cada aspecto a su estilo y personalidad, pero manteniendo su esencia. Los cambios que va a experimentar de ahora en adelante son magníficos, sin embargo, le ruego que a pesar de realizar esos cambios mantenga su naturaleza y sea siempre *usted* mismo a la hora de hablar a la audiencia, recordando el poder que tiene la oratoria.

Un discurso bien ejecutado puede cambiar la vida de una ciudad entera, de una nación y del mundo. Los grandes líderes lo han logrado y todavía su mensaje se mantiene presente. Y lo que pretendemos darle en este escrito es ese poder. Por esa razón debe concientizar la magnitud de la responsabilidad que acarrea la oratoria, la palabra. No es sólo hablar, es mover pensamientos, corazones y espíritus.

Lo único que le pido ahora que tiene ese poder de la oratoria es que como un líder o una líder decida qué camino tomar. Allí está la clave, en saber qué camino seguir.

Por eso quiero decirle qué hace muchos años y al mismo tiempo en este momento, en un pueblo muy lejano pero al mismo tiempo muy cerca, una persona que era hombre o quizás mujer quería emprender un viaje para convertirse en líder, por lo que empezó a caminar para conseguir su liderazgo. Sabía que ejerciendo liderazgo era la única manera de tener éxito en su vida familiar, laboral, empresarial, académica, en todas las áreas de su vida, por eso anhelaba tanto conseguir el liderazgo.

Después de haber avanzado algo se consiguió con tres caminos y en cada camino había un cartel. En el camino de la derecha el cartel decía: «Por aquí se llega al liderazgo rápido pero no es muy seguro». Luego observó el camino de la izquierda y decía: «Por aquí se llega al liderazgo lento y seguro». Luego miró el cartel que estaba en el camino del centro y decía: «Por aquí se llega al liderazgo medianamente rápido y con mediana seguridad».

Entonces, en medio de la confusión por escoger el camino que le llevaría al liderazgo de mejor forma, se devolvió y fue a donde vivía el viejo sabio del pueblo a solicitarle el consejo para saber qué camino tomar y así conseguir el liderazgo. Al llegar donde el viejo sabio le dijo: «Sabio, me conseguí con tres caminos para llegar al liderazgo; ¿qué camino debo tomar?, uno dice rápido pero poco seguro, otro dice lento pero seguro y el tercero dice medio rápido y medio seguro». El viejo sabio, con una sonrisa tomó su bastón y haciendo un esfuerzo para pararse, se acercó a aquella persona y con voz susurrante le dijo muy cerca del oído: «*No existe camino hacia el liderazgo, el liderazgo es el camino*».

Ahora que lo sabe, le deseo lo mejor en su nueva vida de liderazgo.

¡Que una lluvia de bendiciones se derrame sobre su mente y corazón! Nos veremos pronto, un sincero abrazo. Le deseo lo mejor por siempre.

REFERENCIAS

Alder, Harry y Heather, Beryl (2004). *PNL en sólo 21 días.* Madrid: EDAF S.A.

Cruz, C. (2006). *Cómo comunicarnos en público.* Florida: Taller de Éxito.

Cruz, C. (2005). *Los genios no nacen se hacen.* Florida: Taller de Éxito.

Kiyosaki, R. (2007). *La escuela de negocios.* Col. del Valle, México: Aguilar, Santillana Ediciones Generales S.A.

Kiyosaki, R. (2007). *El cuadrante del flujo del dinero.* Col. Del Valle, México: Aguilar, Santillana Ediciones Generales S.A.

Martínez Miguelez, M. (2007). *La nueva ciencia.* México: Trillas.

O'Connor, Joseph y Seymour, John (1995). *Introducción a la PNL.* Barcelona: Ediciones Urano S.A.

O'Connor, Joseph y Seymour, John (1996). *PNL para formadores.* Barcelona: Ediciones Urano S.A.

Ribeiro, L. (1997). *El éxito empresarial.* Barcelona: Ediciones Urano S.A.

Ribeiro, L. (2003). *Inteligencia aplicada.* Colombia: Planeta Colombia S.A.

Riso, W. (2007). *El poder del pensamiento flexible.* Bogotá: Norma.

s/a. (s/f). Recuperado el 6 de agosto de 2012, de http://frasescitas. euroresidentes.com/2011/11/frases-emotivas.html

s/a. (s/f). *Amor y desamor.* Recuperado el 14 de Septiembre de

2012, de http://www.amorydesamor.org/blog/cuando-meame-de-verdad-charles-chaplin.php

(2010, 11). Historia De La Oratoria. *BuenasTareas.com*. Recuperado 11, 2010, de http://www.buenastareas.com/ensayos/Historia-De-La-Oratoria/1241832.html

(2010, 11). Trabalenguas 2 Recuperado 11, 2012, de http://www.novakida.es/trabalenguas-pagina-2.html

(2012). Funciones Cerebrales Recuperado 06, 2012, de http://www. slideshare.net/venusdeluna/funciones-mentalessuperiores

www.ingramcontent.com/pod-product-compliance
Lightning Source LLC
Chambersburg PA
CBHW072218170526
45158CB00002BA/643